기도, 길을 찾다

—— 쉬지 않고 기도하는 방법 ——

신동식 지음

기도, 길을 찾다
쉬지 않고 기도하는 방법

지은이 : 신동식
펴낸날 : 2023년 9월 10일
펴낸이 : 신덕례
편집 : 권혜영
교열교정 : 허우주
디자인 : 김선
펴낸곳 : 우리시대
유통 : 기독교출판유통
경기 고양시 덕양구 마상로 102번길 53
woorigeneration@gmail.com
facebook woorigeneration

ISBN 979-11-85972-58-9(04230)
     979-11-85972-24-4 (세트)

차례

저자 서문

기도는 그리스도인의 가장 복된 모습입니다. 기도가 없는 그리스도인은 상상할 수 없습니다. 기도는 생명을 유지하는 핵심입니다. 기도 없이 신앙의 자리는 존재할 수 없습니다. 그런데 기도를 오해하는 모습을 종종 봅니다.

기도는 역사상 가장 많은 책의 주제였다고 할 수 있습니다. 초대 교회 교부들, 사막의 수도사들 그리고 교회사의 신앙인들에게서 한결같이 볼 수 있는 것이 풍성한 기도입니다. 이들이 남긴 유산에서 여실히 드러납니다.

그래서 기도의 책을 내는 것이 무슨 의미가 있느냐고 생각이 들기도 합니다. 수많은 기도의 책을 읽으면 될 것인데 굳이 기도의 책을 낼 필요가 있는지 생각합니다.

선배들의 기도에 관한 책을 읽으면서 많은 도전과 배움을 얻었습니다. 위대한 선배들의 삶에서 기도가 없는 모습을 볼 수 없습니다. 믿음의 사람은 모두 기도의 사람이었습니다. 그런데 이들 역시 자기 시대의 사람이었습니다. 그 시대에 자신들이 어떻게 기도하였는지를 말하고 있습니다.

여기에서 용기를 얻어서 기도에 관한 책을 내기로 하였습니다. 이미 성경 강해와 요리문답서를 통하여 기도에 관한 내용을 많이 다뤘지만, 좀더 편하게 기도에 관한 책이 있으면 좋다고 생각하였습니다. 그래서 얇으면서도 우리 시대의 삶에서 기도의 자리를 어떻게 가져야 할지를 나누고자 하였습니다.

한때는 금요 철야기도가 대세였던 적이 있었습니다. 밤새 기도하는 것이 믿음이 좋다는 표시 가운데 하나였습니다. 또 산 기도 열풍이 불었습니다. 산에서 들어가서 나무를 붙잡고 드리는 기도가 믿음의 표시였습니다. 그리고 한국교회의 상징인 새벽기도가 신앙의 리트머스 용지 같았습니다. 하지만 현대 사회에서 매일 새벽기도가 쉽지 않자 '특새'가 나타났습니다. 보통 21일 동안 특별새벽기도를 합니다. 1년은 아니더라도 21일 정도는 기도할 수 있다는 생각입니다. 특별이라는 말이 들어가니 정말 특별한 무엇인가를 기대하게 됩니다. 한국 교회만이 가지고 있는 특별함입니다.

그런데 점점 변하기 시작하였습니다. 사막의 수도사도 사라졌습니다. 수도원의 수도사도 정예화되었습니다. 금요 철야도 금요 기도회도 변화되었습니다. 산기도는 더이상 볼 수 없습니다. 새벽기도회의 소수화는 갈수록 심해지고 있습니다. 특새도 얼마 지나지 않아 힘이 빠질 것입니다.

기도가 생명이고 복을 누리는 길임에도 쉽지 않기에 다양한 형식을 통하여 기도의 시간을 유지하려는 몸부림들입니다. 무엇을 하든 기도의 자리가 있다는 것은 너무나 소중한 일입니다. 하지만 세상은 변하고 있습니다. 변하는 세상에 변하지 않는 진리를 살아내야 합니다. 그 가운데 기도 역시 같은 모습을 가지고 있습니다.

우리시대의 기도는 어떻게 해야 할까? 이 질문에 대하여 본서를 통해서 함께 나누고 싶었습니다. 우선 기도에 대하여 일반적인 관점에서 살폈습니다. 그리고 기도가 쉴 때 찾아오는 영적 불청객들이 누구인지를 생각하였습니다. 별로 반갑지 않은 모습입니다. 이들은 기도가 쉬면 반드시 찾아옵니다. 이들이 누구인지 살폈습니다. 그리고 실제적인 기도의 모습을 소개하였습니다. 기도의 핵심은 항상 하는 것입니다. 쉬지 않는 것입니다. 한번 하고 끝나는 것이 아닙니다. 기도는 수업이 아닙니다. 수업을 마치면 끝나는 것이 아닙니다. 일생을 쉼 없이 하는 것이 기도입니다. 그것은 영적 호흡이기 때문입니다. 호흡이 귀찮다고 멈추는 사람이 없습니다. 기도 역시 멈출 수 없는 호흡입니다. 그런데 쉬지 않고 기도할 수 있을까요? 바쁜 현대의 삶에서 쉬지 않고 기도할 수 있는 길이 무엇인지 나누고자 하였습니다.

책의 제목이 『기도, 길을 찾다』입니다. 우리의 삶은 항상 길을 찾아 떠나는 삶입니다. 우리는 하나님 나라를 향하여 떠나는 영적 나그네입니다. 나그네의 삶이 복되고, 완주할 수 있는 길을 찾는 것이 중요합니다. 누구나 시작은 할 수 있지만 모두가 완주하는 것은 아닙니다. 완주하려면 길을 잘 찾아야 합니다. 길인 줄 알았는데 낭떠러지면 곤란합니다. 길인 줄 알았는데 막다른 골목이라면 그것도 곤란합니다. 길을 잘 찾으면 기쁨을 누릴 수 있습니다. 기도의 길을 찾으면 좋겠습니다. 짧은 책이지만 정확한 안내서가 되기를 바랍니다. 그래서 모두가 기도의 행복을 누렸으면 합니다. 쉬지 말고 기도하는 자리에 이르고, 불청객들로 힘들어 하는 일이 없었으면 좋겠습니다.

『기도, 길을 찾다』가 작은 선물이 되기를 바랍니다. 그리고 더 깊은 기도의 자리로 가는 시작이 되었으면 좋겠습니다. 교회사의 기라성 같은 선배들의 기도를 살펴보시고, 오늘 기도가 풍성해지는 즐거움을 체험하기를 기도합니다.

2023년 8월 11일
소명의 땅 주교동에서
신동식 목사

1부 : 기도에 들어가기

"기도하겠습니다."

기도 요청을 받을 때마다 담대하게 말할 때가 많습니다. 그런데 기도하겠다고 대답하고 실제로 기도를 하지 못할 때 괴로운 적이 많았습니다. 기도를 요청하는 분들이 정말 간절한 마음이 있는지 아니면 인사치레로 하는지 의심이 들 때도 있었습니다. 그래서 죄책감도 느끼지 않기도 하였습니다. 참으로 슬픈 일이 아닐 수 없습니다. 영적인 가식과 슬픔을 이기는 일은 기도하는 일입니다.

기도의 위대함은 두말할 필요가 없지만, 실제로 기도의 자리가 빈약할 때가 많습니다. 기도가 쉴 때 나타나는 현상들은 너무 힘들었습니다. 그런데 힘듦을 이기는 길은 기도하는 일입니다. "기도하겠습니다"라는 말에 정직한 답을 하고, 기도가 주는 풍성한 은혜를 누리는 길은 실제로 기도하는 일입니다.

기도의 정의들

기도에 대한 정의는 다양합니다. 그 가운데 가장 일반적인 정의는 하나님과의 대화입니다. 기도는 하나님과 삶의 이야기를 나누는 것이라고 말합니다. 종교 개혁자 하인리히 불링거는 기도를 다음과 같이 정의하였습니다.

"기도는 우리가 하나님으로부터 어떤 선한 것들을 간구하거나 혹은 이미 얻은 것에 대해 감사하기 위한 신앙적인 마음의 겸손한 요청이며 그리고 열정적인 표명이다."

불링거는 기도가 하나님께 어떤 것을 간구하는 것이고 또한 감사한 마음을 나타내는 것이라고 말합니다. 이렇듯 기도는 하나님과의 관계에서 시작합니다. 하나님에 대한 분명한 신앙고백이 없이는 기도는 불가능합니다.

구약 성경에 기록된 멋진 기도 가운데 하나가 바로 한나의 기도입니다. 그 기도의 핵심은 하나님을 정확하게 고백하는 것입니다. 한나는 하나님을 향하여 여호와는 지식의 하나님이라고 고백합니다. 또한 여호와는 죽이기도 하시고 살리기도 하시며 스올에 내리게도 하시고 올리기도 하신다, 여호와는 가난하게도 하시고 부하게도 하시며 낮추기도 하시고 높이기도 하신다고 고백합니다. 또한 여호와를 대적하는 자는 산산이 깨어질 것이라 하늘 우레로 그들을 치시고 여호와께서 땅 끝까지 심판을 내리시고 자기 왕에게 힘을 주시며 자기의 기름 부음을 받은 자의 뿔을 높이신다고 기도합니다[삼상 2:1-10]. 하나님을 아는 자가 기도합니다.

예수님은 제자들에게 신앙고백을 확인하셨습니다. 제자들은 고백하기를 주는 그리스도시요 살아 계신 하나님의 아들이시라고 대답하였습니다[마 16:16]. 예수님은 이 고백을 들은 후에 비로소 십자가의 고난을 말씀하셨습니다. 예수님을 바르게 알지 못하면 기도할 수 없고, 기도할 수 없으면 십자가의 길을 따를 수 없습니다.

이렇게 기도는 삼위 하나님을 바르게 아는 데서 시작합니다. 하나님과의 관계가 친밀할 때 우리의 기도는 살아있고 뜨겁고 감사가 넘치게 됩니다. 그러한 기도는 믿음의 여정을 갈 때 가장 강력한 능력이 되는 것입니다. 다윗의 기도처럼 사망의 음침한 골짜기를 지날지라도 해를 두려워하지 않습니다. 하나님이 함께하심을 알기 때문입니다. 가로등 하나 없는 산길을 걸어갈 때 동무 한 사람만 있어도 무섭지 않습니다. 그런데 하나님이 우리와 영원토록 함께하십니다. 그러니 어찌 무서울 수 있겠습니까? 예수님은 우리에게 기도를 가르쳐 주시고 항상 기도하되 낙망치 말라고 하셨습니다. 기도하면서 실망하지 말고, 당장 응답이 없다고 지치지 말라는 것입니다. 때가 이르면 얻을 것이기 때문입니다. 그 이유는 믿음으로 구한 것은 이미 받았기 때문입니다.

예수님께서 항상 기도하라고 하신 것은 매일 매일 교제하자는 말씀입니다. 언제나 기다리고 계신 하나님은 우리와 교제하기를 누구보다도 기뻐하십니다. 교제는 하나님에게는 기쁨이고 우리에게는 영광과 능력이 되기 때문입니다. 그러므로 기도가 일상의 삶이 되는 것은 성도에게 가장 큰 행복이 아닐 수 없습니다. 하나님을 영화롭게 하는 일 가운데 하나님과 교제하는 것이 우선순위이기 때문입니다.

기도가 삶이 될 때 우리는 하나님을 더욱 가까이 바라볼 수 있고, 이웃의 짐을 서로 짊어질 수 있고 나의 영혼을 정직하게 바라볼 수 있으며 삶을 풍요롭게 할 수 있습니다. 특별히 혼돈된 세상에서 영혼의 길을 잃어버리지 않으려면 하나님의 뜻을 바르게 분별하고 따라가야 합니다. 여기에 은혜의 통로인 말씀과 기도가 있습니다. 시대를 분별하여야 하는 이때, 더욱더 기도와 말씀 묵상이 우리의 일상이 되어야 합니다.

기도의 자리

히브리서를 묵상하면서 마음에 계속 남는 말씀이 있습니다.

"때가 오래되었으므로 너희가 마땅히 선생이 되었을 터인데 너희가 다시 하나님의 말씀의 초보에 대하여 누구에게서 가르침을 받아야 할 처지이니 단단한 음식은 못 먹고 젖이나 먹어야 할 자가 되었도다"(히5:12)

"때가 오래되었으므로 너희가 마땅히 선생이 되었을 터인데"라는 말씀이 계속 맴돌았습니다. 선생이 된다는 것은 단지 지식만 늘어나는 것이 아닙니다. 신앙 인격과 영적 삶이 성숙됨을 의미합니다. 성경은 이것을 그리스도의 장성한 분량에까지 자라는 것이라 말씀합니다. 성장은 살아있음의 표지입니다. 죽은 자에게는 어떤 성장도 기대할 수 없습니다.

그럼 어디까지 성장해야 하는 것일까? 선생의 자리에 이르기까지 성장해야 합니다. 선생은 그리스도의 복음을 깨닫고 전할 수 있는 사람입니다. 그리스도의 도를 살아내면서 설명할 수 있는 사람이 바로 선생입니다. 특별히 복음의 선생은 외적 조건이 필요하지 않습니다. 진리의 선생은 구원의 진리를 고백하고, 배우고 알려주는 사람입니다. 이 모든 것은 교회 생활을 통하여 주어집니다.

그 가운데 종종 잊기 쉬운 가르침이 있습니다. 바로 기도입니다. 기도는 영적 선생의 자리가 어떠해야 하는지를 보여줍니다. 신앙생활하면서 매우 익숙해지면서, 식는 것이 바로 기도입니다. 기도가 주는 그 영광과 기쁨과 행복을 잊어버립니다.

기도의 자리가 식는 이유가 있습니다. **첫째, 삶이 바쁠 때입니다.** 사는 것이 바쁘고 힘들어서 기도를 잃어버립니다. 바쁨에는 여러 가지 유형이 있습니다. 하는 일이 잘될 때입니다. 그러면 기도하지 않습니다. 또한 사람 만나는 일에 분주함입니다. 사람 만남이 분주하면 기도의 시간이 줄어듭니다. 사는 것이 정신없다는 사람은 기도하지 않습니다.

둘째는 편안해지면 기도하지 않습니다. 골치가 아픈 삶의 문제들이 어느 정도 해결되면 기도가 식습니다. 평안함은 행복이지만 게으름의 도구가 되면 저주가 됩니다. 그래서 편안할 때 항상 조

심해야 합니다. 이렇게 행복해도 되냐는 생각이 들 때 진짜 기도할 순간입니다. 또한 기도하지 않아도 별문제가 없을 때 기도의 자리가 식습니다. 그러나 이것은 폭우가 쏟아지기 직전의 신선한 바람과 같은 증상입니다.

셋째는 기도해도 해결되는 것이 없다는 생각이 들 때입니다. 기도에 대한 어린아이와 같은 생각입니다. 기도는 자판기가 아닙니다. 내가 원하면 언제든지 이뤄지는 것이 아닙니다. 하나님의 주권으로 합력하여 선을 이루심입니다. 그래서 기도는 즉답(卽答)이 있고, 연답(延答)이 있고, 묵답(黙答)이 있습니다. 주님은 기도는 반드시 응답된다고 하셨습니다. 응답의 방법이 다를 뿐입니다. 기도에 대해 어린아이와 같은 생각을 하게 되면 기도의 자리가 식습니다.

넷째는 기도가 의식(儀式)화되면 기도가 식습니다. 의식화는 형식화라고도 할 수 있습니다. 기도를 하나의 의식과 형식으로 생각하면 기도의 시간이 줄어듭니다. 기도는 의식이 아닙니다. 형식을 추구하지 않습니다. 기도는 일상이 되어야 합니다. 쉬지 말고 기도하라는 말씀은 기도는 의식이 아니라 일상의 삶이라는 의미입니다. 기도는 일상이 되어야 합니다. 기도는 쉼이 없습니다. 그래서 기도를 쉬는 것은 죄입니다.

다섯째, 말씀을 듣지 않으면 기도가 식습니다. 기도는 말씀과 함께합니다. 기도의 능력은 말씀에 있습니다. 그래서 말씀을 읽고 듣고 묵상하는 자는 기도의 자리에 항상 있게 됩니다. 말씀이 기도할 것을 명령하기 때문입니다. 어떻게 기도할지 모른다는 말은 말씀을 듣지 않기 때문입니다. 말씀이 심령에 채워지면 기도의 자리가 풍성해집니다. 기도할 때는 말씀으로 기도합니다. 말씀이 없으면 기도는 주문이 됩니다. 아무리 많은 말을 해도 하나님과는 아무 관계가 없습니다. 그래서 기도는 말씀의 자리와 함께합니다.

신앙에 있어서 선생이 됨이 우리가 모두 이르러야 할 길이라면 복음의 진리와 함께 기도의 가르침도 바르게 알고 살아야 합니다. 기도는 일상입니다. 그러나 이 말이 오해되어서 기도를 오히려 하지 않는 핑계가 되면 안 됩니다. 모여서 기도하고, 흩어져서도 기도하고, 걸으면서 기도하고 삶의 모든 자리가 기도의 자리가 되어야 합니다. 동시에 말씀의 자리에 항상 있어야 합니다. 말씀이 심령에 들어오면 바로 기도해야 합니다. 은혜의 때이기 때문입니다. 지금 우리가 서 있는 곳이 거룩한 곳이며 주님을 만날 수 있는 자리임을 기억하시기 바랍니다.

동시에 공동체로 모여 기도하는 영광도 누릴 수 있어야 합니다. 함께 기도하는 것은 최고의 즐거움이고 기쁨입니다. 그리고 기도를 함께 할 때 진심으로 기도하시기 바랍니다. 기도의 내용은 나와 가정과 이웃과 공동체와 조국과 열방을 향해야 합니다. 모든 기도는 하나님 나라 관점에서 이뤄져야 합니다. 그러기 위해서는 항상 기도의 자리를 지킬 수 있어야 합니다. 여기에 생명이 달려 있습니다.

2부 : 기도를 쉴 때 찾아오는 불청객

구약의 마지막 사사인 사무엘은 기도하기를 쉬는 죄를 범하지 않겠다고 말합니다. 신약의 마지막 사도인 바울은 쉬지 말고 기도하라고 말씀하십니다. 그리고 예수님은 기도를 알려 주셨습니다. 성경의 여러 곳에서 기도를 언급합니다. 기도의 당위성은 분명합니다. 그리스도인으로서 기도를 쉬는 것은 죄짓는 일입니다. 쉬지 않고 기도하는 일을 멈추는 것은 명령 불복종입니다.

　그리스도인은 기도 없이 존재할 수 없습니다. 마치 산소 없이는 살 수 없는 피조물처럼 기도 없이 그리스도인이 산다는 것은 불가능합니다. 정상인은 평상시에 95% 이상의 산소포화도를 유지합니다. 그 이하는 저산소 주의 상태가 되고, 90% 이하로 내려가면 폐가 힘들어집니다. 평상시 폐가 좋지 않았던 사람들에게서 폐섬유화가 일어나고 폐가 더이상 작동하지 않으면 죽음에 이른다고 합니다. 그래서 산소포화도를 유지하는 것이 정말 중요합니다. 의사들은 물을 많이 먹고 유산소 운동을 통해 산소를 채우고 좋은 공기를 많이 마시라고 합니다. 그리고 폐를 죽이는 썩은 것은 멀리하라고 합니다. 대표적인 것은 술과 담배입니다. 하나님이 주신 몸을 망가뜨리려고 작정한다면 술과 담배를 가까이하면 됩니다. 그러나 건강한 몸을 유지하고 싶다면 물과 산소를 많이 먹으면 됩니다. 그런데 교만하거나 무지하면 자신이 원하는 대로 합니다. 내 몸은 내가 가장 잘 안다고 말합니다.

그런데 영적인 원리도 육체의 원리와 같습니다. 영적인 건강이 유지되려면 건강을 이끄는 영적인 습관이 있어야 합니다. 영적인 건강에도 영적 포화도가 있습니다. 그 가운데 하나가 바로 기도입니다. 기도가 영적인 삶에 있어서 90% 이하면 영적 섬유화가 시작되고 있다고 볼 수 있습니다. 영적 섬유화에 빠진 사람들에게 나타나는 증상이 있습니다. 아주 기분 나쁜 불청객입니다.

게으름

기도를 멈출 때 찾아오는 우선순위 불청객은 게으름입니다. 게으름의 다른 말은 귀찮음입니다. 삶이 귀찮아집니다. 그래서 기대하지 않습니다. 기대가 없으니까 기도하지 않습니다. 기도하지 않으니까 영적 섬유화가 지속됩니다. 섬유화가 일어난다고 당장 죽지 않습니다. 그러나 멈추지 않으면 반드시 죽습니다.

기도가 멈추면 삶이 활력이 사라지고 게으름이라는 불청객이 찾아옵니다. 그러면 예배도 귀찮아지고, 말씀도 귀찮아지고, 찬양도 귀찮아집니다. 어디서 이러한 모습이 나타났는지 답답해하지도 않습니다.

자기 내면이 굳어가고 있음에도 당장은 문제가 없으니까 지나쳐 버립니다. 하지만 영혼의 폐가 섬유화되는 과정은 계속 진행되고 있습니다. 이 때 강력한 바이러스가 찾아오면 바로 중증으로 진행됩니다. 신앙의 일도 유사한 모습을 보입니다. 당장 기도하지 않는다고 신앙이 파탄 나는 것은 아닙니다. 기도 일 년 안 했다고 죽음에 이르는 것도 아닙니다. 그러나 영적 위기가 오면 저항과 회복 능력이 상실되어 중증에 이릅니다. 헤어 나오지 못하는 시험에 빠지고 고통스러운 시간을 보내게 됩니다.

기도가 게을러지고, 기도를 멈추면 영적인 내면이 망가집니다. 그러므로 쉬지 말고 기도하라고 합니다. 영적 포화도는 매일 매일 채워져야 합니다. 매일 매일 산소와 물을 먹듯이 기도해야 합니다. 기도의 힘이 없을 때는 주님의 기도라도 진중히 묵상해야 합니다. 그렇지 않고 내버려 두면 회복 불가능이 찾아옵니다.

게으름은 아주 지독한 놈입니다. 여기에 빠지면 정신이 혼미해집니다. 삶이 완전히 망가질 때까지 알아차리지 못합니다. 게으름은 마치 마약과 같아서 행복하다고 착각하게 합니다. 잠언 기자는 게으름에 대하여 강력한 대처를 요구합니다.

"게으른 자여 네가 어느 때까지 누워 있겠느냐 네가 어느 때에 잠이 깨어 일어나겠느냐 좀더 자자, 좀더 졸자, 손을 모으고 좀더 누워 있자 하면 네 빈궁이 강도 같이 오며 네 궁핍이 군사 같이 이르리라"(잠 6:9-11)

"너는 잠자기를 좋아하지 말라 네가 빈궁하게 될까 두려우니라
네 눈을 뜨라 그리하면 양식이 족하리라"(잠 20:13)

게으른 사람들에게 풍요를 기대할 수 없습니다. 게으른 사람이 건강한 삶을 산다는 말을 들을 수 없습니다. 게으름에 빠지면 정상의 자리로 돌아오기가 힘이 듭니다. 게으름은 빈궁의 자리로 떨어집니다. 이것은 신앙의 삶에서도 같이 나타납니다. 영적 게으름은 영적 빈궁에 처하게 됩니다. 영적으로 빈궁하다는 것은 삶의 활력을 잃어버린 것입니다. 말 그대로 거렁뱅이 신앙이 됩니다. 주체적으로 살 수 없습니다. 남의 손에 의하여 사는 삶이 됩니다. 주체적으로 하나님을 만나지 않습니다. 스스로 기도하여 하나님의 뜻을 구하지 않고, 오직 남의 기도에 의지하여 살아갑니다.

게으름을 몰아내는 길은 기도입니다. 기도를 통하여 주체적으로 하나님을 만나야 합니다. 성령의 인도하심은 인격적으로 체험해야 합니다. 하나님의 인도하심이 나와 함께하고 있음을 인식할 때 게으름은 도망갑니다. 비로소 빈궁의 자리에서 벗어날 수 있습니다. 가끔, 기도해 달라는 요청을 받습니다. 그때 함께 기도하자고 말합니다. 그 이유는 기도는 요청하는데 자신은 기도하지 않음을 종종 보기 때문입니다. 이들은 기도를 쉬고 있어서 게으름의 불청객이 찾아온 성도들의 특징입니다. 기도의 회복이 게으름을 몰아내는 가장 강력한 백신이며 치료제입니다.

세상의 유혹

기도가 멈추면 찾아오는 두 번째 불청객은 세상의 유혹입니다. 이 유혹은 첫 사람 아담과 하와가 받은 것과 같습니다. 세상의 유혹은 자주자가 되려는 유혹입니다. 하나님 없이도 살 수 있다는 유혹입니다. 그리고 자신이 하나님의 자리에 앉고자 합니다. 기도할 때는 하나님 없이 살 수 없다고 생각합니다. 그런데 기도가 멈추면 잠시 불안이 옵니다. 그러나 시간이 좀 더 지나면 하나님 없이도 살 수 있다고 생각하게 됩니다. 이것은 영적 섬유화가 심각하게 진행 중임을 보여주는 현상입니다. 기도가 멈추면 세상이 춤을 춥니다. 드디어 친구 하나가 생겼다고 좋아합니다. 함께 먹고 마시고 즐길 수 있는 존재가 생겼습니다. 함께 하나님을 대적할 수 있는 존재가 생겼습니다. 자신을 위하여 십자가에서 죽으사 사랑을 보여주신 예수님을 조롱할 수 있는 동지가 생겼으니 얼마나 신나겠습니까? 그러나 가출한 자녀를 보는 부모를 생각해 보시기 바랍니다. 얼마나 가슴이 아프고 찢어지겠습니까? 반드시 후회하고 슬퍼할 터인데 세상의 유혹에 빠져서 기뻐하고 있는 모습을 보는 것은 참으로 아픈 일이 아닐 수 없습니다.

기도가 멈추면 세상은 다양하게 유혹하여 하나님 나라를 바라보지 못합니다. 그리고 마침내 영원한 지옥에 이르게 합니다. 지옥은 하나님이 거하지 않으시는 곳입니다. 하나님이 내버려 두심입니다. 더는 관심을 두지 않고 자기 뜻대로 살게 내버려 둠이 지옥입니다.

세상의 유혹은 하나님보다 더 큰 힘이 있고, 능력이 있고, 재미가 있다고 거짓을 말합니다. 온라인 예배를 드리는 사람들이 하는 말로 예전에는 예배에 참여하기 위하여 일찍부터 준비를 하였는데 이제는 예배 20분 전에 일어나서 좋다고 합니다. 이러한 생각을 가진 이들에게 세상은 더 큰 유혹으로 다가옵니다. 예배뿐 아니라 이제 하나님과의 교제도 가볍게 여깁니다. 기도 없이 얼마든지 살 수 있습니다. 예배 없이도 사는데 기도 없이 사는 것은 식은 죽 먹기입니다.

예배도 기도 없이도 얼마든지 잘 살 수 있고, 재미있게 살 수 있습니다. 보이지 않는 것은 허상이고 보이는 것이 전부라고 유혹합니다. 보이지 않는 것을 위하여 사는 것은 어리석다고 말합니다. 오직 보이는 것이 전부라고 말합니다. 이제 주일에 보이는 즐거움을 위하여 떠나자고 유혹합니다. 그러니 기도가 무슨 의미가 있겠습니까? 만약 있다고 한다면 주문이 될 것입니다. 점쟁이에게 빌듯이 단지 비는 요식행위로 전락할 뿐입니다. 인격적인 하나님이 교제하기 위하여 사람을 인격적으로 만들고, 말을 주셨습니다. 기도는 이러한 인격적인 교제의 현장입니다. 그러나 기도가 멈춥니다. 하나님과 교제하지 않겠다는 선언입니다. 이것은 인간을 만드신 본분에서 떠나가는 것입니다. 폐 섬유화로 정상기능이 가능한 폐가 20%만 남게 되면 사망에 이를 가능성이 극도로 높아집니다. 영적 섬유화도 같습니다. 20%에서 다시 살아나는 길은 기도를 부어 넣는 일입니다.

무기력한 삶

기도가 멈추면 찾아오는 세 번째 불청객은 무기력한 삶입니다. 삶을 억지로 살게 합니다. 영적 포화도가 높을 때를 생각하면 쉽게 이해가 됩니다. 삶의 의미를 찾으려고 합니다. 자신의 소명이 무엇인지 구합니다. 사람의 제일 되는 목적을 구하려고 합니다. 하나님을 영화롭게 하는 일을 찾으려고 합니다. 창조경륜을 이루기 위하여 맡겨진 책임을 감당하고자 합니다. 그래서 더 기도하고 또 기도합니다.

그런데 기도가 멈추면 삶이 무기력해집니다. 사는 것이 재미없습니다. 살아도 억지로 삽니다. 소망을 가지고 사는 것이 아니라 죽지 못해 산다고 말합니다. 불청객은 삶의 의미를 빼앗고 억지로 살게 합니다. 살아도 하루하루 근근이 살게 합니다. 일해도 재미가 없습니다. 집에 들어가도 즐겁지 않습니다. 교회에 와도 감동이 없습니다. 정서가 메마르고 멍한 삶을 살게 합니다. 기도가 멈추면 이러한 증상이 스멀스멀 나타납니다.

영적 무기력만큼 위험한 질병은 없습니다. 그런데 많은 이들이 대수롭지 않게 여깁니다. 시간이 지나면 해결될 것으로 생각합니다. 삶의 무기력을 방치하면 돌이킬 수 없는 상황에 이르는 것을 봅니다. 왜 사는지 모르면 차라리 죽여 달라고 말하기도 합니다. 초기에 고치지 않으면 헤어 나올 수 없는 현실을 맞이하게 됩니다. 그래서 다양한 치료를 받습니다. 약도 처방받습니다. 그렇지 않으면 일상생활을 할 수 없기 때문입니다.

신앙의 일상도 같습니다. 영적 무기력에 빠지면 신앙의 자리가 황폐하게 됩니다. 더 이상 십자가를 바라보지 않고 세상의 쾌락에 눈을 돌리게 됩니다. 이러한 불청객은 과감하게 쫓아내야 합니다. 깊숙이 들어와서 자리에 앉기 전에 몰아내야 합니다. 한번 자리를 잡으면 마치 자신의 집인 양 나가지 않습니다. 불청객임을 기억해야 합니다. 얼마든지 쫓아낼 수 있는 자격이 있습니다. 과감하게 몰아내야 합니다. 그래서 무기력에서 해방되고 다시금 창조경륜을 이뤄내야 합니다.

기도가 회복되면 무기력 불청객은 사라집니다. 기도를 통하여 주님이 주시는 사랑을 받기 때문입니다. 삶의 이유가 다시금 회복되기 때문입니다. 그러므로 예수님은 기도를 가르쳐 주셨습니다. 일용한 양식을 위한 기도를 말씀하셨습니다. 구하고, 찾고, 두드리는 기도가 필요합니다. 탄원하고, 울부짖고, 살려 달라는 기도가 필요합니다. 무섭게 찾아오는 불청객을 이겨낼 수 있도록 간구해야 합니다. 그리고 무기력에 빠지지 않도록 도고를 부탁해야 합니다. 쉬지 말고 기도하라는 사도의 권면은 누구보다도 기도가 쉬웠을 때 다가오는 위기를 잘 알고 있었기 때문입니다. 그래서 밥은 굶어도 기도는 멈추면 안 됩니다. 기도는 세상이 감당치 못하는 믿음을 만들어냅니다. 세상에 맞서는 힘입니다. 세상이 아무리 대단하더라도 이길 수 없는 사람은 기도하는 사람입니다. 기도의 자리에서 어떤 순간이라도 떠나서도 안 됩니다. 무엇을 하든지 기도해야 합니다. 일어나자마자 기도하고, 밥 먹을 때 기도하고, 말씀 볼 때 기도하고, 공부할 때 기도하고, 직장에 갈 때 기도하고, 직장에 가서 기도하고, 퇴근할 때 기도하고, 집에 오는 길에 기도하고, 잠자리에 들 때 기도해야 합니다. 기도가 삶이고, 양식이고 생명입니다. 그러면 무기력이라는 불청객은 도망갑니다.

의심

기도가 쉬면 찾아오는 네 번째 불청객은 의심입니다. 믿음은 보이지 않는 것을 보는 것처럼 확신하고 걸어가는 삶입니다. 그래서 믿음은 바라는 것들의 실상이요 보이지 않는 것들의 증거입니다[히 11:1]. 믿음의 선진들이 복음과 함께 고난을 감당하였던 비결은 바로 보이지 않는 것들을 눈앞에 보이는 것처럼 여기며 살았기 때문입니다. 하나님 나라는 우리에게 보이지 않습니다. 그러나 약속을 받았습니다. 부활은 우리에게 보이지 않습니다. 그러나 약속을 받았습니다. 그리고 첫 열매이신 예수님이 보여주셨습니다. 믿음을 가지고 사는 자들에게 하나님은 의와 평화의 열매를 주신다고 약속하셨습니다. 모든 사람이 죽지만 마지막에 심판이 있을 것이라고 약속하셨습니다. 믿음은 이 약속을 눈앞에 보이는 것처럼 확신하며 살아가는 삶입니다. 약속에 대한 바른 지식과 확신과 매일 매일의 고백으로 살아갑니다. 이 모든 것은 기도의 자리에서 반복하여 고백됩니다.

그런데 기도를 쉬면 의심이라는 불청객이 찾아옵니다. 보이지 않는 것은 없는 것 아니냐는 생각이 듭니다. 정말 부활이 있을까 생각합니다. 마지막에 심판이 무엇이 중요하냐, 지금이 중요하다는 생각이 듭니다. 내 삶도 힘든데 선을 행하며 살아야 할 이유가 어디에 있냐고 투정합니다. 모든 사람이 다 불의를 저지르면서 승승장구하는데 내가 못 할 일이 어디에 있냐고 생각합니다. 기도하면 응답하신다고 했는데 왜 나는 그렇게 기도했는데 응답이 없느냐고 불평합니다. 그러면 교회의 모습들이 점점 짜증 나게 됩니다. 목사의 설교가 재미없다, 성도들이 친절하지 않다, 교회 오는 길이 힘들다고 말합니다.

의심의 영은 내면의 깊숙한 곳에 불신의 씨앗을 떨어놓습니다. 그래서 온갖 이유를 통하여 불만을 찾아냅니다. 의심은 기도를 가로막는 아주 나쁜 놈입니다. 예수님도 이 사실에 대하여 분명하게 책망하였습니다. "내가 진실로 너희에게 이르노니 누구든지 이 산더러 들리어 바다에 던져지라 하며 그 말하는 것이 이루어질 줄 믿고 마음에 의심하지 아니하면 그대로 되리라"(막 11:23)

의심이 들면 기도는 멈춥니다. 기도가 멈추면 의심이 주인 노릇을 합니다. 그러면 어떠한 은혜도 누리지 못합니다. 의심이 있으면 예수님이 옆에 계시면서 말씀하셔도 소용없습니다. 예수님은 부활 후에 찾아온 제자들에게 이 진리를 가르치셨습니다. 예수님이 앞에 보여도 의심하므로 실패하는 모습을 볼 수 있습니다. "이 말을 할 때에 예수께서 친히 그들 가운데 서서 이르시되 너희에게 평강이 있을지어다 하시니 그들이 놀라고 무서워하여 그 보는 것을 영으로 생각하는지라 예수께서 이르시되 어찌하여 두려워하며 어찌하여 마음에 의심이 일어나느냐"(눅 24:36-38)

의심이 있으면 예수님을 볼 수가 없습니다. 믿음의 길은 불가능합니다. 그러므로 사단을 의심의 영이라고 말합니다. 의심이 들면 하나님의 약속을 믿지 못합니다. 그러면 하나님께 영광 돌리는 삶은 불가능합니다[롬 4:20]. 기도가 쉴 때 얼마나 무서운 일들이 나타나는지 알아야 합니다. 사단은 우는 사자와 같이 삼킬 자를 두루 찾고 있습니다[벧전 5:8]. 기회만 노립니다. 그러다가 기도가 쉴 때 여지없이 찾아옵니다. 그리고 의심의 씨앗을 사정없이 뿌리고 갑니다. 많은 이들이 기도를 쉬다가 이단의 먹잇감이 되었습니다. 이단들은 호시탐탐 노리고 있습니다. 사단의 졸개이기 때문에 믿음의 자녀들이 기도를 쉬고 있는 상황을 찔러보고 잡아먹습니다. 한번 이단에 잡혀가면 그 고통이 이루 말할 수 없습니다. 언젠가는 다 벗어나지만, 만신창이가 된 후에 나오게 됩니다. 이단들이 하는 행위가 의심을 심어주는 것입니다. 그래서 불신을 갖게 합니다. 하나님 나라에 대한 소망을 갖게 하는 것이 아니라 교회에 대한 의심을 품게 합니다.

기도는 이러한 의심을 이기는 힘을 갖습니다. 어떤 불청객이라도 몰아낼 수 있습니다. 의심이라는 불청객을 몰아내는 길은 바로 기도입니다. 그래서 기도를 쉬면 안 됩니다. 기도의 자리에 반드시 있어야 합니다.

불만

기도를 쉬면 찾아오는 다섯 번째 불청객은 불만입니다. 불만 가운데 가장 먼저 다가오는 것은 설교입니다. 설교에 집중하는 일이 어려워집니다. 설교는 목사와 회중 간의 민감한 영적 교제입니다. 그래서 기도라는 다리가 없으면 만날 수 없습니다. 기도는 설교가 나의 심장에 다가오게 하는 다리입니다. 그런데 기도를 쉽게 되면 말씀이 다가올 수 있는 다리가 사라진 것입니다.

하나님은 설교자를 통하여 말씀을 회중들에게 전하십니다. 이것이 하나님이 정하신 방법입니다. 다른 방법으로 말씀을 주지 않으셨습니다. 설교자를 세우고 말씀을 전달하게 하셨습니다. 설교는 하나님의 마음입니다. 그 마음을 잘 알 때 신앙이 풍성해집니다. 하지만 마음을 알지 못하면 힘들게 됩니다. 사람과 사람 사이의 관계도 마음을 아느냐와 모르느냐의 차이가 큽니다. 알면 행복해집니다. 그러나 모르면 어려워집니다. 서먹서먹해집니다. 그렇게 시간을 보내면 결국 마음을 닫게 됩니다. 얼굴을 보는데 속을 모릅니다. 얼마나 힘든 일입니까?

바울이 데살로니가 교회에 보낸 편지에서 의미심장한 말씀을 하였습니다. 그것은 데살로니가 교회에 하나님의 역사가 일어난 원인입니다.

"이러므로 우리가 하나님께 끊임없이 감사함은 너희가 우리에게 들은 바 하나님의 말씀을 받을 때에 사람의 말로 받지 아니하고 하나님의 말씀으로 받음이니 진실로 그러하도다 이 말씀이 또한 너희 믿는 자 가운데에서 역사하느니라"(살전 2:13)

설교자의 말을 하나님의 말씀으로 받았습니다. 그것이 하나님의 역사가 일어난 근거입니다. 데살로니가 교회가 이러한 믿음의 자세를 가지고 있음은 기도하는 공동체였음을 의미합니다. 그러기에 쉬지 말고 기도할 것을 강조하였습니다(살전 5:17). 기도는 말씀을 받아들이는 통로입니다. 말씀이 다가오지 않는다면 통로가 문제가 생긴 것입니다. 통로를 정비하면 해결되는데 다른 곳에서 원인을 찾으려 하면 헛수고를 할 수 있습니다.

해마다 비가 오면 교회 3층이 물난리가 났습니다. 그래서 장마가 올 때마다 긴장하지 않을 수 없었습니다. 한번은 여름에 집을 비운 적이 있었는데 마침 비가 왔습니다. 그리고 난리가 났습니다. 빗물이 거실로 넘쳐서 다 젖었기 때문입니다. 3층도 마찬가지입니다. 그런데 이유를 알 수 없었습니다. 그러나 배수로를 밖으로 빼보기로 했습니다. 마침내 해결이 되었습니다. 많은 비가 와도 직접 밖으로 나가니까 넘치지 않았습니다. 알고 보니 베란다 배수로가 작아서 큰 비가 오면 감당할 수 없었던 것입니다. 해결이 간단한데 찾지 못해서 고생을 하였습니다.

설교가 잘 안 들리고, 말씀에 불만이 들 때는 기도해야 합니다. 기도가 해결책입니다. 그래서 밥은 굶어도 기도는 굶지 말자고 하는 것입니다. 많은 사람들이 기도를 굶어도 겉으로는 문제없이 살아가는 것처럼 보입니다. 우리가 기도는 굶으면서 육신의 양식은 챙겨 먹는다면 육체만 살찔 뿐 영혼의 건강은 상하게 됩니다.

설교자와 좋은 것을 함께해야 합니다. 설교자는 하나님 앞에서 한 영혼을 위하여 말씀을 전합니다. 바울이 이 사실을 잘 말씀하였습니다.

"너희를 인도하는 자들에게 순종하고 복종하라 그들은 너희 영혼을 위하여 경성하기를 자신들이 청산할 자인 것 같이 하느니라 그들로 하여금 즐거움으로 이것을 하게 하고 근심으로 하게 하지 말라 그렇지 않으면 너희에게 유익이 없느니라"(히 13:17)

설교자는 하나님 앞에서 자신들이 청산할 자인 것같이 말씀을 전합니다. 그러므로 불만이 있다면 말씀이 아무 유익이 되지 않습니다. 하지만 기도로 함께한다면 놀라운 역사가 일어납니다. 설교자가 말씀을 전할 때마다 근심이 가득하다면 성도들에게 유익이 될 수 없습니다. 설교는 설교자와 회중 간의 가장 깊은 교제이기 때문입니다. 그러므로 누구도 기도를 쉬면 안됩니다. 기도가 쉬면 말씀의 잔치를 누리지 못하고, 영양실조에 걸리게 됩니다. 기도가 불만을 이기고 역사를 만들어 냅니다.

냉소주의

기도를 쉬면 찾아오는 여섯 번째 불청객은 냉소주의입니다. 냉소주의는 타락한 인간의 본성입니다. 아무것도 기대하지 않는 태도가 바로 냉소주의입니다. 삶에 대하여 의미 없다고 생각하는 허무주의의 형뻘 됩니다. 그래서 냉소주의는 미소 띤 허무주의라고 합니다. 저는 이것을 "기대하지 않음"이라고 표현합니다. 삶에 대하여 기대하지 않음처럼 무서운 질병은 없습니다. 기대가 없이 사는 곳에는 비전도 소망도 없습니다. 오직 자신만의 고립된 동굴만 있을 뿐입니다. 그래서 냉소주의는 반드시 우울증이라는 질병으로 가게 합니다.

　냉소주의는 기도하지 않는 이들에게 나타나는 전형적인 불청객입니다. 기도를 쉰다는 것, 기도를 멈춘다는 것은 삶의 소망을 하나님에게 두는 것을 포기한다는 의미입니다. 이제 하나님 없이 살겠다는 의지입니다. 하나님이 없으면 삶의 기준은 자신이 됩니다. 그러면 더 이상 믿음의 길을 갈 수 없습니다. 도피성도가 되거나 무신론자가 되어서 세상이 추구하는 방법과 목적을 향하여 살 뿐입니다. 문제는 냉소주의 자체가 삶의 의지를 꺾어버린 것이기에 삶이 무가치하게 된다는 것입니다. 살아야 할 이유를 발견하지 못하였기에 아무것도 할 수 없습니다. 냉소주의는 삶 자체를 망가트립니다.

　신앙생활하면서 가지고 있는 냉소주의는 참으로 무섭습니다. 하나님을 믿지만, 교회는 다니지 않는다는 자세는 냉소주의의 전형적인 모습입니다. 특별히 엘리트 의식을 가지고 있는 성도들에게 가장 잘 나타나는 모습입니다. 냉소주의에 빠지면 가장 먼저 교회에 대하여 소망을 갖지 않습니다. 그리고 교회의 직분자들에게도 기대를 갖지 않습니다. 그리고 나가서 설교자에게 기대를 포기합니다. 인간관계로 겨우 신앙생활은 하지만 언제든지 도피성도가 될 수 있습니다. 코로나19는 도피성도가 될 기회를 잘 주었습니다. 방송을 통한 예배 참석이 일반화되면서 자연스럽게 인격적 공동체에서 멀어집니다. 예배는 가장 편하게 하고, 설교는 듣고 싶을 때만 듣습니다. 설교 중에 일이 생기면 방송매체를 끕니다. 그리고 자신의 일을 봅니다. 이미 출석 도장은 찍었기에 큰 죄의식이 없습니다. 교회 오기 싫으면 자연스러운 변명이 생겼습니다. 누구도 무엇이라 말할 수 없는 방어기제들이 완벽하게 만들어졌습니다. 이제 교회는 철저하게 개인의 선택에 맡겨진 시대가 되었습니다.

냉소주의는 이러한 형태의 신앙을 만들어 냅니다. 설교자에 대한 기대 없음은 자연스럽게 공동체에 대한 기대 없음으로 이어집니다. 교회의 본질 가운데 하나이고 영적 성숙의 가장 중요한 자세인 교제(코이노니아)에 대하여 기대를 하지 않습니다.

냉소주의 신앙을 가지고 있음에도 도피성도의 길을 가지 않고 교회 다니는 이유는 두 가지입니다. 하나는 두려움입니다. 아직 미숙한 신앙을 가지고 있기에 교회를 떠나는 것에 대한 두려움이 여전히 남아있습니다. 교회를 떠남으로 인하여 주어지는 하나님의 심판을 두려워합니다. 그래서 종교적 두려움 때문에 교회는 나옵니다. 그러나 내면에는 냉소주의가 가득합니다. 또한 이 두려움에는 관계가 끊어지는 두려움도 함께합니다. 긴 시간 동안 함께하였던 부모 형제와 친구와 동료들로부터의 단절이 교회를 떠나지 못하게 합니다. 하지만 교회에 대한 기대는 없습니다.

또 하나는 개인적 평안과 풍요를 유지하고 싶어서입니다. 교회가 주는 종교적 평안함을 계속 누리고 싶어 합니다. 그러나 봉사하는 신앙생활은 하고 싶지 않습니다. 철저하게 개인적 평안을 누리는 것으로 만족합니다. 그러다가 종교적인 목적이 충족하지 못하면 도피성도가 됩니다.

기도가 쉴 때 찾아온 냉소주의를 해결하지 못하면 도피성도라는 안타까운 자리에 이르게 됩니다. 냉소주의에 빠지지 않는 길목에는 항상 기도가 있습니다. 기도가 지속될 때 냉소주의 신앙에 이르지 않습니다. 물론 냉소주의는 여러 모양과 모습으로 찾아옵니다. 다만 분명한 것은 기도를 쉴 때 반드시 냉소주의가 불쑥 찾아온다는 것입니다. 불청객처럼 당황스러운 것은 없습니다. 그러나 잘 준비하면 불청객이 아무리 대단하더라도 대처할 수 있습니다. 기도는 다시 기대를 갖게 합니다. 성령님께서 기도에 응답하시고 함께하시기 때문입니다.

싫증

기도를 쉬면 찾아오는 일곱 번째 불청객은 싫증입니다. 싫증 가운데 하나가 말씀 묵상입니다. 우리는 또 한 명의 불청객을 맞이하게 됩니다. 기도가 쉬면 신앙생활에 싫증이 찾아옵니다. 귀찮아지는 것은 자연스럽습니다. 기도는 하나님과의 교제입니다. 하나님의 뜻을 아는 길입니다. 하나님께 나의 생각과 간구와 탄원을 드리는 시간입니다. 그러면 하나님은 일반적으로 말씀을 통하여 응답하여 주십니다. 영적 깨달음의 은혜가 말씀을 통하여 나타납니다. 그러면 신앙생활이 신납니다. 즐겁습니다. 행복합니다. 기대가 됩니다. 자신을 내어줍니다. 기꺼이 헌신하고 봉사합니다. 말씀을 통하여 영의 양식을 늘 공급받기 때문입니다.

그런데 기도가 쉬면 덜컥 문제가 일어납니다. 말씀 묵상에 싫증이 생깁니다. 꼭 해야 하느냐는 생각이 스멀스멀 올라옵니다. 하루 이틀 거른다고 무슨 일이 일어나느냐는 생각이 자연스럽게 자리 잡습니다. 말씀 묵상 없이 한 주를 살아도 이상 없습니다. 한 달을 살아도 문제없습니다. 사는 것에 아무 지장이 없습니다. 그러면 설교 한 번 듣는 것으로 신앙생활을 마감합니다.

문제는 여기서부터 생깁니다. 말씀이 없으니 기도가 없는 것은 당연합니다. 그런데 하나님의 생각을 묻지 않습니다. 철저하게 자신의 생각이 중심이 되어 판단하고 결정합니다. 점차 삶의 중심이 자아가 됩니다. 자아가 이제 삶의 중심이 됩니다. 자아가 움직이는 대로 살아갑니다. 자신의 자아를 불편하게 하는 일이 생기면 분노합니다. 그가 누구든 상관이 없습니다. 결국 진리의 말씀 듣기를 싫어합니다.

진리가 주는 자유가 아니라 자신이 쟁취한 자유를 선호합니다. 하나님 없는 자유를 추구합니다. 더 이상 십자가의 짐을 지고자 하지 않습니다. 무겁고 힘든 고난의 십자가를 쳐다보지 않습니다. 오직 자아의 소리에만 집중합니다. 이것이 바로 말씀 묵상의 싫증이 가져온 결과입니다.

기도를 하다가 바로 응답이 없으면 싫증을 냅니다. 성경 묵상에 있어서 가장 큰 적은 싫증입니다. 가장 큰 동지는 인내입니다. 그런데 싫증이 쳐들어오면 정말 힘이 듭니다. 싫증은 예배 시간을 견디지 못하게 합니다. 조금만 설교 시간이 길어지면 몸을 이리저리 비틉니다. 싫증 났다는 표시입니다. 이것을 이기지 못하면 다음 단계의 삶으로 나갈 수 없습니다. 그런데 기도가 쉬면 싫증을 이길 수 없습니다. 싫증이 물밀듯 들어오는데 어떻게 막을 수 있겠습니까? 그래서 역으로 알 수 있습니다. 말씀 묵상에 싫증을 내는 사람은 기도하지 않은 사람입니다.

그러나 싫증에는 말씀 묵상만 있지 않습니다. 지체의 선한 충고도 거부합니다. 싫증은 어떠한 대상에 대하여 반갑게 여기지 않는 마음입니다. 그래서 주변에 선한 말을 하는 사람에게 싫증을 냅니다. 너만 잘 났냐고 비꼽니다. 선한 의도로 조언이나 충고를 하는 지체에게 그만 하라고 말합니다. 자기 중심적으로 생각하기 때문에 내 일은 내가 알아서 하겠다고 말합니다. 이것은 그리스도의 말씀도 듣지 않겠다는 자세입니다. 예수님은 우리의 중보자입니다. 우리의 기도와 생각을 가지고 하나님께 전달하여 주시는 분입니다. 그런데 기도하지 않음으로 싫증에 빠지면 그것이 나와 무슨 관계냐고 항변합니다. 나의 삶의 주권은 나에게 있다는 자만심이 가득합니다.

이러한 모습은 지체들의 충고는 물론이고 하나님의 말씀을 받는 자리에서도 자연스럽게 나타납니다. 싫증은 참으로 무서운 결과를 만들어 냅니다. 그러기에 싫증을 없애야 합니다. 싫증을 죽이는 일이 영적으로 사는 길입니다. 그 일은 바로 기도입니다. 기도가 싫증의 삶을 바꿉니다. 그래서 스스로 기도하고, 서로 기도하는 일이 필요합니다. 이놈의 불청객을 내쫓아야 합니다.

교만

기도를 쉬면 찾아오는 여덟 번째 불청객은 교만입니다. 교만만큼 성경이 강력하게 경고하고 있는 것이 없습니다. 교만은 패망으로 가는 길이기 때문입니다. 교만은 마침내 하나님의 자리를 우상에게 내어줍니다. 그래서 교만은 슬피 울며 이를 가는 자리에 이르게 됩니다. 교만은 모든 삶의 중심이 자신에게 있다는 자만심입니다. 다른 사람을 존중하지 않습니다. 오로지 자신의 생각과 경험과 지식을 의지합니다. 어떤 충고도 받지 않습니다. 혼자 다 할 수 있다는 오만에 빠져 있습니다. 이스라엘이 멸망하게된 원인은 바로 교만입니다.

"이스라엘의 교만이 그 얼굴에 드러났나니 그 죄악으로 말미암아 이스라엘과 에브라임이 넘어지고 유다도 그들과 함께 넘어지리라"(호 5:5)

교만이 가득한 사람은 마침내 멸망의 자리로 떨어집니다. 교만은 넘어짐의 앞잡이가 되는 이유입니다. 이스라엘이 하나님의 말씀을 듣지 않고 불순종하였습니다. 선지자들의 말을 우습게 여겼고, 조롱하였고, 멸시하였습니다. 마침내 하나님의 때가 이르러 바벨론에 의하여 성전과 예루살렘 성과 성의 모든 집들이 다 불에 탔습니다. 그리고 이국 먼 땅인 바벨론으로 포로로 잡혀갔습니다. 교만이 가져온 결과입니다.

기도를 쉬면 반드시 교만이 스멀스멀 와서 한 자리를 잡습니다. 교만은 고집을 만들어내고, 고집은 불통하게 합니다. 오직 모든 것이 자신 중심으로 살아갑니다. 하나님의 뜻을 찾으려는 애씀이 없습니다. 오직 자신만 생각합니다. 기준이 자신이 됩니다. 이것은 교만의 정석입니다. 기도가 쉬면 이렇게 됩니다.

끔찍한 결과를 만들어 내는 교만은 기도가 쉴 때 반드시 찾아옵니다. 기도가 쉬면 하나님의 생각을 묻는 일을 하지 않습니다. 오직 자신의 지식과 경험으로 해결합니다. 그리고 모든 목적이 자신의 영광에 있습니다. 그 영광도 현실적 영광입니다. 기도의 부재는 교만이 자라나는 데 가장 좋은 토양입니다.

기도는 교만을 물리치고 겸손의 자리로 인도합니다. 하나님의 뜻을 묻는 일을 하게 합니다. 자신의 생각과 지식을 우선하지 않고 하나님의 뜻을 알고 그 뜻을 이루기 위하여 자신의 지식과 경험을 사용합니다. 항상 이 순서를 유지합니다. 그래서 겸손의 자리에 서게 되고 하나님의 이름이 높임을 받게 됩니다.

어떤 분과 상담을 한 적이 있었습니다. 여러 이야기를 하던 중에 웬만한 것은 기도하지 않고 행한다고 말하는 것입니다. 그래서 질문을 했습니다. 웬만한 것의 기준은 무엇입니까? 그러자 답이 모호해지기 시작했습니다. 웬만한 것은 기도하지 않는다는 말은 대부분 기도하지 않고 행한다는 의미로 들렸습니다. 이것은 자신은 하나님 없이는 얼마든지 삶의 문제를 해결할 수 있다는 교만이 깔린 모습입니다.

다윗이 기도하고 영적으로 깨어 있을 때는 항상 기도하고 시작하였습니다. 무엇을 하든 기도하였습니다. 그러나 죄를 지을 때 기도하지 않았습니다. 하나님의 생각을 듣기 싫은 것입니다. 자신이 얼마든지 하나님의 생각을 움직일 수 있다는 생각입니다. 교만이 결국 죄의 자리로 이끌었고 심판의 자리에 서게 되었습니다. 우리의 교만은 기도가 쉴 때 불쑥 찾아오는 불청객임을 잊지 말아야 합니다.

육신의 피폐함

기도를 쉬면 찾아오는 아홉째 불청객은 육신의 피폐함입니다. 기도가 쉬면 영적 침체는 당연히 오지만, 육적인 피폐함도 따라옵니다. 우리는 육체와 영혼으로 된 존재입니다. 그러므로 육체와 영혼은 항상 함께 작동합니다. 그리스도인들이 기도를 쉬면 육체도 힘을 잃게 되고 지치고 피폐하게 됩니다. 더구나 육체의 쾌락을 위하여 자신의 몸을 학대합니다. 영적 만족이 없으니 육체의 만족에 더 힘을 쏟게 됩니다. 결국 육체의 피폐함이 찾아옵니다.

영혼이 잘되어야 범사에 잘됨은 성경이 증언합니다[요삼 1:2]. 기도는 영혼이 건강함을 증명합니다. 반면에 기도가 사라지면 영혼이 죽어가고 있음을 의미합니다. 기도가 사라지면 육체는 자신을 주장하여 쾌락의 자리로 나갑니다. 점점 그 횟수와 강도가 강해집니다. 여기에 술은 최고의 동반자가 됩니다. 술에 취하고 자신을 잊어버립니다. 그러나 꼭 술만이 아닙니다. 육체를 사용하는 모든 것입니다. 과도한 운동과 여행도 같은 모습입니다. 기도가 없으면 무엇이든지 과도해집니다. 그러면 반드시 탈이 납니다. 육신이 건강해지는 것이 아니라 오히려 피폐해집니다. 왜냐

하면 기도가 없으니 건강해진 육체를 쾌락을 위한 도구로 사용하기 때문입니다.

육체와 영혼은 하나입니다. 육체와 영혼은 서로를 존중하면서 균형 있게 만들어가야 합니다. 하지만 균형이 깨지면 심각한 위기에 처하게 됩니다. 육체가 무너지면 영혼도 시험을 받습니다. 반면에 육체가 건강하면 영혼도 힘을 얻습니다. 그러나 영혼의 건강함이 없는 육체는 의미가 없습니다. 반드시 피폐한 자리로 가기 때문입니다. 육체에 공을 들이면 건강할 것 같은데 영혼이 망가지면 외적인 건강함은 수명이 오래가지 못합니다. 그러므로 기도가 쉴 때 육체의 피폐함이 반드시 찾아옵니다.

공동선의 회피

기도를 쉬면 찾아오는 열 번째 불청객은 공동선의 회피입니다. 선한 청지기의 삶을 포기합니다. 기도는 하나님의 뜻을 기억하게 합니다. 하나님을 사랑하고 이웃을 사랑하는 일을 하게 합니다. 하지만 기도가 쉬면 하나님의 뜻이 기억나지 않기에 더 이상 이웃을 돌아보지 않습니다. 타자를 위한 공공선이 사라집니다.

공동선을 위한 기도의 모범 사례는 느헤미야라고 할 수 있습니다. 느헤미야는 페르시아의 아닥사스다 왕의 술관원이었습니다. 이 시기는 이스라엘이 바벨론 포로 생활이 끝나고 페르시아의 지배 아래 들어간 시기입니다. 페르시아의 고레스 왕은 이스라엘을 귀국시켰습니다. 이스라엘로 돌아온 이스라엘은 성전과 성읍을 재건하고자 하는 꿈에 부풀어 있었습니다. 하지만 꿈이 이뤄지는 데에는 시간이 걸렸습니다. 주변 나라들의 모함과 방해로 성읍은 건축될 수 없었습니다. 거기에 귀환한 이스라엘 백성들의 죄로 인하여 여전히 혼란스러웠습니다. 하나님은 에스라를 통하여 준비시켰지만 여전히 어려움이 있었습니다. 이 소식을 느헤미야도 들었습니다. 평상시 늘 기도하였던 느헤미야는 고국에서 들려오는 소리에 마음에 근심이 가득하였습니다.

그 마음은 곧 얼굴로 나타났고 아닥사스다 왕에게 발각됩니다. 왕은 한번도 아픈 적이 없었던 느헤미야의 얼굴에 수심이 가득한 것을 보고 그 이유를 묻습니다. 신하로서 해서는 안 되는 모습을 보여주었던 느헤미야는 왕의 질문에 고국 땅의 상황을 말합니다. 그러자 아닥사스다 왕은 내가 무엇을 해줄 수 있는지 제안을 하라고 말합니다. 이 순간은 느헤미야의 인생에 가장 중요한 순간입니다.

이때 느헤미야가 한 일은 하나님께 기도하는 일이었습니다. 아닥사스다 왕 앞에 느헤미야는 하나님께 기도하였습니다[느2:4]. 그리고 담대하게 요청합니다. 자신을 이스라엘로 보내주어서 성읍을 건축하게 해달라는 요청입니다. 그리고 주변 나라에 조서를 내려서 무사히 예루살렘에 갈 수 있도록 보호해 달라는 제안입니다. 동시에 예루살렘을 재건할 수 있는 목재를 공급해 달라는 기도입니다.

느헤미야는 자신의 평안과 부요함을 위하여 요청하지 않았습니다. 공동선을 위한 요청이었습니다. 그러자 놀라운 일이 일어납니다.

> "또 왕의 삼림 감독 아삽에게 조서를 내리사 그가 성전에 속한 영
> 문의 문과 성곽과 내가 들어갈 집을 위하여 들보로 쓸 재목을 내게
> 주게 하옵소서 하매 내 하나님의 선한 손이 나를 도우시므로 왕이
> 허락하고"(느 2:8)

하나님의 선한 손이 느헤미야를 돕고 왕의 마음을 움직였습니
다. 상상할 수 없는 일이 일어났습니다. 기도하는 사람은 반드시
공동선을 위한 자리로 나갑니다. 하지만 기도가 없으면 자신과
자신 가족의 안위와 평안과 부자 됨만을 위하여 살아갑니다. 공
동선을 위한 자리가 없습니다. 기도는 공동선을 위한 삶의 자리
를 만듭니다. 단지 자신만을 위하여 사는 존재가 아니라 하나님
의 뜻을 이루는 삶을 추구합니다. 나의 재능과 은사와 물질이 선
한 일에 쓰이기를 기뻐하는 마음이 생깁니다. 느헤미야에게 쉬지
않고 기도하는 삶이 있었기에 이런 결정을 할 수 있었습니다. 기
도가 공동선을 위한 열린 문입니다.

귀찮음

기도를 쉬면 찾아오는 열한 번째 불청객은 귀찮음입니다. 사랑
은 신앙의 가장 위대한 모습인데 귀찮아집니다. 사랑이 식으면
그리스도인의 정체성이 사라집니다. 그런데 사랑을 베풀고, 사랑

을 전하는 일이 귀찮아진다면 어떻게 되겠습니까? 타자를 위한 헌신은 더 이상 의미가 없습니다. 그렇게 살아야 할 이유를 찾지 못합니다. 나 사는 것도 힘든데 어떻게 다른 사람을 위하여 살 수 있습니까? 이것은 개인적인 신앙의 자리까지 오게 됩니다. 말씀과 기도와 성경공부가 귀찮아집니다. 결국 예배도 귀찮아집니다. 온라인 시대에 이러한 귀찮음은 최고의 기회입니다. 온라인으로 예배한다는 것이 협박이 됩니다. 이것이 기도가 쉴 때 나타나는 현상입니다.

성경은 직분자의 직무에 대하여 분명하게 말씀하고 있습니다.

"그가 어떤 사람은 사도로, 어떤 사람은 선지자로, 어떤 사람은 복음 전하는 자로, 어떤 사람은 목사와 교사로 삼으셨으니 이는 성도를 온전하게 하여 봉사의 일을 하게 하며 그리스도의 몸을 세우려 하심이라"(엡 4:11-12)

직분자는 성도를 온전케 하는 직무를 가졌습니다. 그리고 봉사의 일을 합니다. 마지막으로 그리스도의 몸 곧 교회를 세우는 일입니다. 이 일을 성취하려면 자신이 맡은 일에 정직하게 감당해야 합니다. 여기에 직분자와 교회가 해야 할 일은 바로 기도입니다. 기도가 이 모든 일을 감당하게 합니다. 맡은 바 직무를 감당하여 직무를 완성합니다. 그런데 기도가 쉬면 직무가 중요하게 보이지 않습니다. 직분 자체가 귀찮아집니다. 이런들 어떠하리 저런들 어떠하리라는 자세를 가지게 됩니다.

이것은 직분자만이 아닙니다. 교회도 권면을 듣는 것이 귀찮아집니다. '너나 잘 하세요'라는 세속적 태도가 작동합니다. 하나님의 말씀이 무엇이라 지시하고 있는지, 지금 자신의 상태가 어떠한지 관심이 없습니다. 그래서 세속의 일에 대하여 문제를 제기하면 귀찮습니다. 기도가 없을 때 나타나는 전형적인 불청객입니다. 평상시에는 그렇지 않았던 사람도 기도가 사라지면 불청객에 사로잡혀 살아갑니다. 문제는 단지 권면의 말씀 듣기가 귀찮아지는 것에서 끝나지 않습니다. 삶의 의미에 대하여 귀찮아지는 상황이 옵니다. 그러면 가장 끔찍한 질병이 서서히 다가옵니다.

지금 귀찮음이 나를 유혹하고 있다면 즉시로 주님을 향하여 기도하시기 바랍니다. 입을 열어 살려달라고 기도하시기 바랍니다. 이것이 사는 길입니다.

영근의 손실

기도를 쉬면 찾아오는 열두 번째 불청객은 영근의 손실입니다. 영근은 영적 근육을 말합니다. 영근의 손실은 고난받는 신앙을 견디지 못하게 합니다. 근육은 삶의 질을 유지하는 중요한 요소입니다. 그래서 나이가 들수록 근육을 잘 만들어야 합니다. 기도는 영적 근육입니다. 그런데 기도가 쉬면 근육은 다 풀어집니다. 온갖 질병의 원인이 됩니다. 영근의 손실은 가장 무서운 일입니다.

당뇨병을 가지고 있는 사람들이 가장 힘쓰는 것이 바로 허벅지 근육입니다. 의사들은 한결같이 허벅지 근육을 튼튼하게 만들어야 한다고 말합니다. 그래서 항상 걸으라고 요구합니다. 근육이 없으면 당이 손실되고 마침내 온갖 합병증이 생겨서 죽음에 이른다고 경고합니다. 당뇨병이 무서운 것은 당뇨병 자체가 아닙니다. 각종 합병증입니다. 약이 듣지 못하게 하는 것이 당뇨병의 무서운 모습이기도 합니다.

당뇨병을 보면 기도가 쉬는 모습과 교차되는 것을 봅니다. 영혼의 당뇨병은 기도하지 않음이라고 할 수 있습니다. 기도하지 않아도 사는데 문제없다는 생각이 듭니다. 그런데 영적으로 각종 합병증을 유발하고, 치료도 못 하게 합니다. 모든 치료의 근본을 허무는 것이 바로 기도가 쉴 때 찾아옵니다.

영적 근육은 기도하면 반드시 생겨납니다. 기도하는 자에게 영근은 그야말로 강력한 힘이 됩니다. 기도가 뒷받침할 때 신앙은 활력을 받습니다. 무엇을 하여도 담대함을 가지게 됩니다. 하나님이 함께한다는 확신이 생깁니다. 인생의 태풍이 불어와도 두렵지 않습니다. 주님이 지켜주심을 알기 때문입니다. 이것이 바로 영적 근육의 능력입니다.

그러나 기도가 쉬면 이 근육이 작동하지 않습니다. 작은 시험에도 속절없이 무너집니다. 작은 말 한마디에 상처를 받습니다. 맥없이 주저앉아버립니다. 아무리 오랜 시간 신앙생활을 하여도 기도가 쉬면 초신자와 같은 상태로 돌아갑니다. 그러므로 신앙은 항상 현재이고, 쉬지 않고 기도함으로 이뤄갑니다.

저는 축구를 좋아합니다. 어린 시절 꿈 가운데 하나가 축구선수였습니다. 축구를 하면 근육의 위대함을 여실히 깨닫습니다. 달리는 데 당연히 근육이 중요합니다. 그런데 가장 중요한 것은 슛을 할 때입니다. 이때 근육이 없으면 비실비실합니다. 하지만 근육이 짱짱하면 대포알이 됩니다. 물론 근육만 좋다고 다 되는 것은 아니지만, 근육이 없으면 불가능합니다.

신앙의 영역에서도 이 근육을 키워야 합니다. 기도가 영근의 생명입니다. 기도가 쉬면 영근은 손상되고 마침내 영적인 삶이 무력해집니다. 그렇게 기쁨 없이, 소망 없이 불만과 불평으로 살게 됩니다. 기도의 영근이 우리의 얼굴을 환하게 만듦을 잊지 말아야 합니다.

방향감각의 상실

기도를 쉬면 찾아오는 열세 번째 불청객은 방향감각의 상실입니다. 기도는 패트리엇 미사일과 같이 목표가 정확합니다. 적의 공격에 정확하게 대응하고, 삶의 방향을 정확하게 알리는 것이 기도입니다. 그런데 기도가 사라지면 적의 침략에 속절없이 당하고, 자신이 가야 할 삶의 방향감각도 다 상실하게 됩니다. 방향감각의 상실을 경험하지 않으려면 기도해야 합니다.

바울은 자신의 삶에 대하여 운동장에서 경기하는 자와 같다고 비유하였습니다. 운동장에서 경기하는 자는 목적이 분명합니다. 특별히 달리기 선수가 자신이 들어가야 할 방향을 알지 못하면 아무리 빨리 달려도 실패합니다. 방향이 없기에 열매도 없습니다.

　"운동장에서 달음질하는 자들이 다 달릴지라도 오직 상을 받는 사람은 한 사람인 줄을 너희가 알지 못하느냐 너희도 상을 받도록 이와 같이 달음질하라 이기기를 다투는 자마다 모든 일에 절제하나니 그들은 썩을 승리자의 관을 얻고자 하되 우리는 썩지 아니할 것을 얻고자 하노라 그러므로 나는 달음질하기를 향방 없는 것 같이 아니하고 싸우기를 허공을 치는 것 같이 아니하며 내가 내 몸을 쳐 복종하게 함은 내가 남에게 전파한 후에 자신이 도리어 버림을 당할까 두려워함이로다"(고전 9:24-27)

　달음질하기를 향방 없는 것같이 하지 아니하고, 싸우기를 허공을 치는 것같이 아니한다고 말합니다. 너무나 상식적인 이야기입니다. 그런데 사도가 이 말을 쓴 것은 상식적인 것이 전혀 작동하지 않음을 보았기 때문입니다. 방향 없이 사는 사람이 있습니다. 허공을 향하여 외치는 사람이 있습니다. 자기 정체성이 없기 때문입니다. 자신이 지금 그 자리에 왜 있는지 알지 못하면 허공을 치는 사람이 되고, 향방 없는 존재가 됩니다. 그러면 무의미한 시간만 보내게 됩니다.

　바울은 자신이 가야 할 곳과 해야 할 일에 대하여 분명하였습니다. 자기 몸을 쳐서 복종하게 함은 가야 할 길을 잊지 않기 위함입니다. 그렇다면 자기 몸을 치는 행위는 무엇입니까? 단지 금

욕적인 행동만을 생각해서는 안 됩니다. 바울은 날마다 하나님께 기도함으로 자신의 소명을 확인하였고, 자신이 누군지에 대한 정체성을 되새겼습니다. 기도의 자리는 자기 소명을 확인하고, 가야 할 방향을 단단히 하게 합니다. 자신의 경험과 지식과 생각이 하나님의 뜻보다 앞서지 않게 해달라고 기도해야 합니다. 오히려 하나님의 뜻을 아는 일에 쓰임받기를 기도합니다. 그래서 방향을 상실하지 않게 합니다. 기도가 쉬면 찾아오는 방향감각의 불청객을 없애야 합니다. 그 방법은 기도입니다.

싸움

기도를 쉬면 찾아오는 열네 번째 불청객은 싸움입니다. 성도와 싸우고, 불신자와 싸우고, 배우자와 싸우고, 자녀와 싸웁니다. 싸움은 멸망의 근원입니다. 삶에 망조가 들었다는 말이 있습니다. 망조가 들면 소망이 없습니다.

축구 국가대표였던 이영표 선수가 한 말이 많은 생각을 하게 하였습니다.

"오늘날 사회는 많은 것을 소유함에도 불구하고 행복하지 않다고 한다. 점점 세상이 이기적으로 변하고 나밖에 모르는 세상 속으로 빠져들고 있다. 고교 시절 최고의 친구여야 할 짝꿍이 수능의 잠재적 경쟁상대다. 내가 잘하는 것도 중요하지만 내 친구가 못하는 것도 더 중요하다. 이런 교육환경 속에서 자란 세대는 사회에 나가면 시기 질투 안에서 많은 시간을 허비한다. 세상이 풍요로워졌지만 너무나 이기적으로 변하고 있다. 그런데 축구는 내가 잘해도 내 옆의 동료가 못하면 지고, 내가 못 해도 내 옆의 친구가 잘하면 우리가 이긴다. 그때 내가 잘하는 것만큼 내 친구가 잘하는 게 중요하다는 걸 느꼈다. 내 친구의 성공이 곧 나의 성공이 되는 걸 스포츠는 가르쳐 준다. 제가 축구를 통해서 느낀 큰 기쁨은 누군가가 골을 넣으면 내 골이 아니지만 우리들의 골이기 때문에 다 같이 얼싸안는다. 이런 개념을 가르쳐 주는 게 스포츠이다." [기독일보, https://www.christiandaily.co.kr/news/118669, 2022년 9월 20일]

사실 축구 경기를 하다 보면 승부욕이 발동합니다. 그래서 서로 이기려고 하는 마음에 동료도 잘 보이지 않습니다. 남의 성공에 기뻐하지 않고, 오직 자신의 즐거움에 만족합니다. 그러면 종종 싸움이 일어납니다. 그 순간부터 경기에 집중하지 못하고 신경질만 납니다. 결국 경기를 포기하는 결과에 이르게 됩니다.

이영표 선수가 말하였던 "내 친구의 성공이 곧 나의 성공이 되는 걸 스포츠는 가르쳐 준다"는 사고처럼 존귀한 것은 없습니다. 그러나 현실에서 이 모습을 보기에 너무나 힘든 상황입니다. 그럼 적어도 교회에서는 볼 수 있어야 합니다. 사촌이 땅을 사면 배 아픈 것이 아니라 행복하고 기뻐할 수 있어야 합니다. 그런데 세상의 속설처럼 배 아프다면 얼마나 씁쓸한 모습입니까?

이러한 신자의 모습은 기도가 쉴 때 선명히 나타납니다. 기도가 쉬면 자신만 보이기 때문입니다. 자신을 위해서 힘쓰다 보면 전쟁이 일어납니다. 전쟁은 작든 크든 불행이라는 열매를 만들어

냅니다. 그런 의미에서 싸움은 어디에서나 가장 슬픈 일입니다. 그런데 싸움을 막는 유비무환의 길이 기도입니다. 기도는 싸움을 막는 가장 강력한 방패입니다.

그렇다면 기도가 쉬면 어떻게 되겠습니까? 싸움에는 선함이 없습니다. 공의도 없습니다. 오직 죽음만 있습니다. 죽어야 끝나는 것이 싸움입니다. 아주 처참한 몰골을 만들어내는 것이 싸움입니다. 이 싸움을 즐기는 사람이 있습니다. 그들을 싸움꾼이라고 부릅니다. 어떤 사람이 싸움꾼입니까? 싸움꾼은 여러 특징이 있습니다. 그러나 분명한 한 가지는 기도하지 않는 사람입니다. 기도하지 않으면 싸움꾼이 됩니다. 모든 것을 자기 중심으로 생각하여 불만이 가득하고 마침내 피아를 불문하고 싸움을 합니다. 함께 승리하는 것을 기대하지 않습니다. 함께 망하는 길을 따라갑니다. 참으로 처참한 모습입니다. 이것이 기도가 쉴 때 다가오는 불청객입니다.

시험 듦

기도를 쉬면 찾아오는 열다섯 번째 불청객은 시험 듦입니다. 기도가 멈추면 작은 일에도 시험이 듭니다. 자기 귀에 좋은 말에도 시험 듭니다. 시험은 신앙의 길에 무서운 바이러스입니다. 코비드19가 우리 몸을 죽이는 바이러스라면, 시험은 신앙을 죽이는 바이러스입니다. 그런데 이 바이러스의 백신과 치료제는 기도입니다. 기도가 시험 듦을 막는 백신이자 시험에 걸린 신자의 치료제입니다.

문제는 바이러스가 한 번에 죽지 않는다는 사실입니다. 바이러스에 재감염될 수 있습니다. 그래서 계속해서 백신을 맞아야 합니다. 신앙의 시험 듦도 같습니다. 한 번 시험에 이기면 끝날 것 같은데 그렇지 않습니다. 또 다른 시험으로 찾아옵니다.

첫 사람 하와의 모습이 이를 잘 보여줍니다. 동산 중앙에 있는 선악을 알게 하는 나무의 실과를 먹지 말라고 하였습니다. 먹으면 정녕 죽으리라고 하였습니다. 그런데 사단은 하와를 속일 때 집요하였습니다.

"뱀이 여자에게 이르되 너희가 결코 죽지 아니하리라 너희가 그것을 먹는 날에는 너희 눈이 밝아져 하나님과 같이 되어 선악을 알 줄 하나님이 아심이니라 여자가 그 나무를 본즉 먹음직도 하고 보암직도 하고 지혜롭게 할 만큼 탐스럽기도 한 나무인지라 여자가 그 열매를 따먹고 자기와 함께 있는 남편에게도 주매 그도 먹은지라" (창 3:4-6)

결코 죽지 않을 것이라고 시험하였습니다. 오히려 눈이 밝아져서 하나님같이 될 것이라고 하였습니다. 그래서 선악을 아는 사람이 될 것이라고 하였습니다. 그러자 그 나무의 열매가 먹음직도 하고, 보암직도 하고, 탐스럽게 보였습니다. 결국 시험에 빠져 열매를 먹었습니다.

사단의 시험은 참으로 끈질기고 잔인합니다. 시험을 이기지 못하면 사단의 노예가 되어 영원한 스올에 들어가게 됩니다. 얼마나 끔찍한 일입니까? 이 시험은 기도가 쉴 때 강력하게 나타납니다. 그러므로 기도하는 일은 무엇과도 바꿀 수 없습니다.

예수님은 십자가를 지기 위하여 감람산에서 기도할 때에 제자들의 조는 모습을 향하여 시험에 들지 않기 위하여 기도하라고 하셨습니다.

"이르시되 어찌하여 자느냐 시험에 들지 않게 일어나 기도하라 하시니라"(눅 22:46)

기도가 멈추면 시험에 들게 됩니다. 그 시험이 작든 크든 관계없이 반드시 시험에 들게 됩니다. 시험에 들면 자신의 신앙이 병들고 가정과 교회도 혼란에 빠집니다. 그러므로 예수님은 시험에 들지 않게 일어나 기도하라고 하시는 것입니다. 기도가 시험을 치료하는 강력한 백신입니다.

기도 없이 살 수 있다는 허상

기도를 쉬면 찾아오는 열여섯 번째 불청객은 기도 없이도 살 수 있다는 허상입니다. 아마 가장 무서운 불청객을 정하라면 기도 없이 살 수 있다는 허상입니다. 기도를 쉬어도 당장 무슨 일이 발생하지 않습니다. 그래서 기도 없이 살아도 된다는 생각을 갖게 합니다. 이것이 사단이 가장 즐겨 사용하는 일입니다. 기도 없어도 사는 데 지장 없이 느껴집니다. 그런데 이것은 서서히 죽어가는 현상입니다. 뜨거운 물에 개구리를 넣으면 바로 도망칩니다. 그런데 서서히 물을 끓이면 자연스럽게 놀다가 죽음을 맞이합니다. 기도 없이도 살 수 있다는 허상이 가져오는 끔찍한 모습입니다.

누구도 개구리와 같은 죽음을 원하지 않습니다. 하지만 상당수가 개구리와 같은 죽음을 맞이하고 있습니다. 죽음의 순간에 닥쳐서 아우성치지 말고 살아있을 때 기도해야 합니다.

기도 없이 살 수 있다는 생각은 죽어 가는 자들의 모습입니다. 죽어가는 자들은 기도가 필요하지 않습니다. 기도는 오직 살아있는 자의 특권입니다. 그리스도인은 새 생명을 가진 존재입니다. 그러므로 새 생명에 합당한 필수적인 삶의 양식을 가지고 있습니다. 그 가운데 하나가 바로 기도입니다. 기도는 신앙의 선택이 아니라 필수입니다. 기도가 없으면 죽고, 기도가 있으면 삽니다. 그래서 주님은 제자들에게 주의 기도를 가르쳐 주셨습니다. 주님이 가르쳐 준 기도는 그리스도인의 정체성을 분명하게 보여줍니다.

"그러므로 너희는 이렇게 기도하라 하늘에 계신 우리 아버지여 이름이 거룩히 여김을 받으시오며 나라가 임하시오며 뜻이 하늘에서 이루어진 것 같이 땅에서도 이루어지이다 오늘 우리에게 일용할 양식을 주시옵고 우리가 우리에게 죄 지은 자를 사하여 준 것 같이 우리 죄를 사하여 주시옵고 우리를 시험에 들게 하지 마시옵고 다만 악에서 구하시옵소서 (나라와 권세와 영광이 아버지께 영원히 있사옵나이다 아멘)"(마 6:9-13)

기도 없이는 살 수 없음을 알려주심이 바로 주기도문입니다. 주의 기도문은 그리스도인이 누구인지를 알려주는 표지판과 같습니다. 그리스도인은 기도로 사는 존재입니다. 기도가 그리스도인의 모습입니다. 기도를 통하여 하나님과 교통하고, 삶의 목적을 알게 되고, 삶을 위한 간구와 영적인 생활의 근본이 어디에 있어야 하는지를 알게 해줍니다.

그런 의미에서 기도 없이 살 수 있다는 것은 사단이 심어놓은 허상입니다. 이에서 벗어나는 길은 기도 외에 없습니다. 기도할 때 허상은 사라지고 본질이 회복됩니다.

성화의 피곤함

기도를 쉬면 찾아오는 열일곱 번째 불청객은 성화의 피곤함입니다. 구원받은 신자의 열매는 거룩한 삶입니다. 이것이 회심한 성도의 본질입니다. 그러나 여전히 육체를 가지고 있어서 사단의 시험에 노출되어 있습니다. 그러므로 성화 즉 거룩한 삶을 위해서는 연습을 해야 합니다. 경건의 훈련이 있어야 성화의 삶을 삽니다. 그런데 기도가 쉬면 경건의 훈련을 하고자 하는 마음이 식어집니다. 경건의 훈련이 쉽지 않기 때문입니다. 기도가 쉬면 성화에 대하여 피곤함이 몰려옵니다. 꼭 그렇게 살아야 하느냐는 불만이 내면에서부터 올라옵니다. 기도는 이러한 생각을 뽑아 버리게 하는데 기도가 멈추면 반대로 피곤함이 생각을 삼켜버립니다. 기도가 쉴 때 나타나는 고약한 모습입니다.

바울은 말세를 의미심장하게 고발하였습니다. 말세의 모습은 전적으로 우상숭배입니다.

"너는 이것을 알라 말세에 고통하는 때가 이르러 사람들이 자기를 사랑하며 돈을 사랑하며 자랑하며 교만하며 비방하며 부모를 거역하며 감사하지 아니하며 거룩하지 아니하며 무정하며 원통함을 풀지 아니하며 모함하며 절제하지 못하며 사나우며 선한 것을 좋아하지 아니하며 배신하며 조급하며 자만하며 쾌락을 사랑하기를 하나님 사랑하는 것보다 더하며 경건의 모양은 있으나 경건의 능력은 부인하니 이같은 자들에게서 네가 돌아서라"(딤후 3:1-15)

바울이 말한 말세의 고통하는 때는 우리 시대에 더욱 강력하게 발달하였습니다. 마치 태풍이 처음 시작할 때 작지만 시간이 갈수록 세력을 키워서 초강력 태풍을 만들듯이 우리 시대는 고통의 초강력 시대라고 할 수 있습니다. 지금까지의 역사에서 가장 더러운 시대가 되었습니다. 바울의 말은 설명할 필요가 없이 각자의 심장에 적용하면 됩니다.

그 가운데 마지막 말씀인 경건의 능력은 없고 경건의 모양만 있다는 지적은 참으로 두려운 말씀입니다. 이것은 마치 기도의 능력은 없고 기도의 모양만 있는 모습이라 할 수 있습니다. 말은 기도한다고 하면서 실제는 기도하지 않는 모습입니다. 기도가 없기에 능력이 나타나지 않습니다.

야고보 사도는 기도의 능력에 대하여 분명하게 말씀하였습니다.

"믿음의 기도는 병든 자를 구원하리니 주께서 그를 일으키시리라 혹시 죄를 범하였을지라도 사하심을 받으리라 그러므로 너희 죄를 서로 고백하며 병이 낫기를 위하여 서로 기도하라 의인의 간구는 역사하는 힘이 큼이니라"(약 5:15-16)

믿음의 기도는 능력이 있습니다. 의인의 간구는 역사하는 힘이 있습니다. 이 말은 경건의 능력이 있는 자의 기도는 역사가 일어남을 의미합니다. 기도의 열매가 맺히게 됩니다.

이 말은 성화의 현장에서 가장 분명하게 볼 수 있습니다. 기도는 그리스도인을 거룩한 신자로 만들어 갑니다. 기도할 때 성령은 가장 기뻐하십니다. 반면에 성화가 없으면 말할 수 없는 탄식으로 기도하십니다[롬 8:26-27]. 이 말씀은 성령께서 우리가 기도할 수 있도록 탄식함으로 돕는다는 말씀입니다. 기도가 멈추면 성화가 멈춥니다. 기도가 시작되면 성화가 시작됩니다. 기도는 거룩한 삶을 열망하게 하며 세상의 즐거움을 누리면서 살면 그만이라는 생각을 잠재웁니다. 기도는 그리스도의 거룩함이 내 안에 살아나게 합니다. 그래서 세상을 살고 싶은 사람은 기도하지 않습니다. 기도하지 않으면 죄의식이 사라집니다. 그러면 자기 기분에 따라 살아갑니다. 하나님의 영광을 지워버립니다. 기도가 필요한 이유가 여기입니다. 기도는 성화의 불편함을 이깁니다. 그리고 성화의 기쁨을 가지게 합니다. 기도의 자리가 중요한 이유입니다.

이상 17가지의 기도가 쉴 때 나타나는 불청객을 보았습니다. 나의 모습은 어떤지 살펴보았으면 합니다. 기도의 자리는 생명의 자리입니다. 기도가 있을 때 생명은 유지됩니다. 기도가 쉴 때 생명은 그만큼 사라집니다. 기도를 쉼으로 찾아오는 불청객을 맞이하고 싶으십니까? 기도의 자리를 굳게 지키고 불청객을 내쫓아야 합니다.

3부 : 기도 삼위일체

기도가 쉴 때 찾아오는 불청객들을 살펴보았습니다. 불청객들은 기도가 멈추기만을 노리고 있습니다. 호시탐탐이라는 말이 가장 잘 어울립니다. 기도는 영적인 삶의 핵심을 차지하고 있기에 불청객들의 레이다는 24시간 365일 작동합니다. 불청객들의 레이다 망에 걸리지 않으려면 기도의 스텔스 기능이 필요합니다. 불청객들을 철저하게 방어하는 준비가 있어야합니다.

바울은 24시간 방어와 공격의 책임을 감당하기 위하여 핵심인 전략을 알려주었습니다. 영적 전쟁에서 이 전략은 매우 단순하면서 가장 중요합니다. 바로 "쉬지 말고 기도하는 일입니다." 쉬지 말고 기도하라는 말씀은 사무엘 선지자가 기도를 쉬는 죄를 범하지 않게 해달라고 간구한 모습을 상기시킵니다. 이 전략이 24시간 365일 호시탐탐 노리는 불청객을 이기는 방법입니다.

쉬지 말고 기도하는 일은 저절로 되지 않습니다. 많은 수고가 필요합니다. 하나님은 이 일을 잘 감당할 수 있도록 지혜를 주었습니다. 쉬지 않고 기도함은 항상 하나님을 인식함을 의미합니다. 삶의 우선순위가 항상 하나님께 있음을 기억합니다. 무엇을 결정하든 하나님의 뜻이 우선합니다. 그래서 삶의 목적이 하나님을 영화롭게 하는 데 있습니다.

쉬지 말고 기도하는 일에는 기도 삼위일체가 필요합니다. 기도 삼위일체는 쉬지 말고 기도하게 하고, 기도를 쉬는 죄를 범하지 않습니다. 그래서 기도 삼위일체를 잘 사용하면 불청객들을 막을 수 있습니다.

첫 번째, 골방 기도

골방 기도는 예수님이 분명하게 알려주신 기도입니다. 그러므로 그리스도에게 연합되어 있는 성도는 반드시 골방 기도를 해야 합니다. 기도할 수 있는 골방이 있어야 합니다.

"너는 기도할 때에 네 골방에 들어가 문을 닫고 은밀한 중에 계신 네 아버지께 기도하라 은밀한 중에 보시는 네 아버지께서 갚으시리라 또 기도할 때에 이방인과 같이 중언부언하지 말라 저희는 말을 많이 하여야 들으실 줄 생각하느니라"(마 6:6-7)

골방 기도의 특징은 분명합니다. **첫째, 은밀한 기도입니다.** 하나님 앞에 은밀하게 기도합니다. 하나님과 세밀한 나눔을 갖습니다. 하나님과 일대일 대면하는 기도입니다. 이때 무엇이든 다 내려놓습니다. 이 순간만큼 기대가 큰 시간은 없습니다. 다른 사람이 보이지 않습니다. 오직 하나님만 보입니다. 코람데오의 본질적인 모습이 있다면 이 순간입니다. 사람들의 눈치가 필요 없습니다. 하나님 앞에서 정직하게 기도합니다. 하나님을 가까이에서 만나는 시간입니다.

은밀함은 하나님과 나만의 시간을 의미합니다. 은밀함은 하나님 앞에서 세상의 족쇄가 해제되는 시간입니다. 우주의 한 공간과 시간에서 오직 주님만을 만나기 때문입니다. 아무도 모릅니다. 하나님과 나만 압니다. 그 시간에 어떠한 일이 일어날지 아무도 모릅니다. 그래서 골방 기도는 가장 작지만, 우주적 역사가 일어나는 곳입니다. 골방이 있는 사람과 없는 사람의 차이는 하늘과 땅의 차이만큼 큽니다. 은밀한 시간을 많이 가져야 합니다. 가진 만큼 건강하고 행복이 가득합니다. 은밀한 기도가 주는 그 위대함을 누리기 바랍니다.

둘째, 순수한 기도입니다. 골방 기도는 하나님 앞에서 순수함을 보여줍니다. 마치 아이가 엄마 품에 안겨서 칭얼거리면서 평화를 누리는 모습입니다. 순수함은 오직 하나님께만 집중합니다. 아무리 큰 소리가 들리고 시끄러워도 하나님께 집중합니다. 모든 초점이 하나님께 있기 때문입니다. 이것은 순수함이 있을 때 가능합니다. 온갖 잡생각과 탐욕에 조금이라도 물들어 있으면 하나님께 집중할 수 없습니다. 거짓 없는 자세로 하나님 앞에 서서 기도합니다. 골방 기도는 하나님 앞에 자신의 깊은 속 마음을 다 내어

놓을 수 있습니다. 물론 하나님은 우리의 중심을 아십니다. 그러나 우리가 하나님께 말하기를 원하십니다. 그래서 우리가 기도하지 않을 때 성령님께서 말할 수 없는 탄식으로 기도하십니다. 기도가 멈추면 하나님을 만나는 일이 사라지기 때문입니다. 순결함이 없는 삶이 됩니다.

골방 기도는 '아버지 저 왔어요'라고 편하고 쉽게 말할 수 있는 시간입니다. 가식과 외식이 없습니다. 거창한 도입부도 필요 없습니다. 주님이라는 한마디에 눈물이 쏟아집니다. 순수함이 없이는 눈물도 없습니다. 순수한 기도는 골방에서 가장 빛을 나타냅니다.

셋째, 정확한 기도입니다. 장황한 기도가 아니라 정확한 기도입니다. 장황하면 좋은 것 같습니다. 많은 말을 하면 대단한 것처럼 보입니다. 그러나 이것이 중언부언이 되면 의미가 없습니다. 의미 없는 소리가 반복되면 그것은 기도가 아니라 주문이 됩니다. 정확하게 기도하려면 반드시 말씀에 근거하여 기도해야 합니다.

어떤 분이 평생 기도의 삶을 살았다고 자랑하였습니다. 그런데 성경 묵상은 거의 없습니다. 성경은 읽지 않습니다. 너무 바빠서 읽을 시간이 없고, 어려워서 읽을 시간이 없어서 기도만 한다고 하였습니다. 이런 기도는 매우 위험합니다. 말씀과 관계없는 기도는 주문이 될 수 있습니다. 이러한 모습은 우리의 옛 토속 신앙에 잘 나타나 있습니다. 마을 입구나 혹은 뒷동산에 서낭당이 있습니다. 오고 가면서 소원을 빕니다. 그것은 주문입니다. 정화수 차려놓고 비나이다 비나이다 하는 모습입니다.

우리의 기도가 말씀이 사라지면 이러한 주문이 됩니다. 기도는 중언부언하는 것이 아닙니다. 장황하게 늘어놓는 것도 아닙니다. 기도는 말씀입니다. 말씀으로 기도합니다. 그래야 정확하게 기도할 수 있습니다. 이것이 골방 기도의 모습입니다.

이렇게 골방 기도는 은밀하게, 순수하고, 정확하게 하는 기도입니다. 하나님을 개인적으로 대면하여 드리는 골방 기도가 첫 번째 모습입니다. 골방 기도가 있는 사람에게는 불청객은 찾아오지 못합니다. 왔다가도 도망갑니다. 보이지 않는 강력한 능력이 바로 골방 기도에서 나옵니다. 그래서 성도는 골방 기도가 반드시 필요합니다.

두 번째, 공동체 기도

기도의 삼위일체 가운데 두 번째는 공동체 식구들이 함께 모여 기도하는 행위입니다. 공동체 기도는 많은 유익이 있습니다. 공동체 기도는 신자의 신앙생활에 큰 힘을 공급합니다. 그래서 공동체 기도에 꾸준히 함께하면 영적 성숙이 깊어집니다. 공동체 기도의 모습은 다양합니다.

첫째, 설교 합심 기도입니다. 이 공동체 기도는 설교를 중심으로 전, 후에 하는 합심 기도입니다. 설교 합심 기도는 설교에 중심을 두는 기도입니다. 오늘 들려지는 말씀과 설교자를 위하여 함께 기도합니다. 이 기도 시간은 매우 중요합니다. 그런데 성도들이 가볍게 생각하는 경우를 종종 봅니다. 또 매 예배 시에 하기에 습관적인 기도가 될 수 있습니다. 하지만 설교 합심 기도는 하나님의 말씀이 내 심령 가운데 오게 하는 데 강력한 능력이 됩니다. 설교 합심 기도에 정직한 성도와 의식적 성도에게 찾아오는 영적인 결과는 엄청난 차이를 발생합니다. 짧은 기도 시간이지만 영적인 풍요로움이 충만하게 찾아옵니다. 더구나 이 시간에는 설교자를 위하여 기도가 함께합니다. 하나님의 말씀이 바르게 증거될 수 있는 시간이고, 영적 소통이 일어나는 시간입니다. 그래서 무엇보다 중요한 시간입니다. 또한 설교 후 합심 기도 역시 중요합니다. 들은 말씀이 나의 삶에 적용되고 하나님의 영광을 나타내는 실제적인 삶의 자리로 나갈 수 있게 하기 때문입니다. 설교 후 기도는 들은 말씀을 정리할 수 있는 순간이기도 합니다. 그래서 설교 합심 기도는 공동체 기도의 시작이라 할 수 있습니다.

둘째, 공적 기도합주회입니다. 교회가 공동체 기도회를 정하고 같은 시간, 같은 장소에 모여서 기도합니다. 일반적으로 금요 기도회 모습이라 할 수 있습니다. 금요 기도회는 한국 교회가 가지고 있는 좋은 전통 가운데 하나입니다. 개발 도상국가 시절에는 철야 기도회와 산상 기도회로 모여서 기도하였습니다. 기도 없이 어려운 시절을 이겨 낼 힘이 없기 때문입니다. 한국 교회에 남아있는 철야 기도회는 온 밤을 지새워 기도와 찬송으로 보냈습니다. 지금은 그런 모습이 많이 사라졌지만 금요 기도회로 이어지고 있습니다. 이 시간은 교회가 함께 정하고 기도하는 공적 시간입니다. 이 시간이 중요한 이유는 교회가 하나님의 가족이라는 의식을 다시금 확인하고, 서로를 위하여 온 마음으로 기도하는 시간이기 때문입니다.

성도 개개인의 문제와 공동체의 문제 그리고 환우들과 나라와 열방을 위하여 함께 기도하는 시간은 정말 소중합니다. 내가 우주적 교회의 한 지체임을 확인하는 시간이기 때문입니다. 하나님 나라의 한 가족으로 흩어진 하나님의 교회를 위하여 기도하는 시간은 신앙의 정체성을 확인하는 중요한 시간입니다. 그러므로 교회는 모여서 기도하는 시간이 중요합니다. 점점 시대가 바빠지면서 모여 기도하는 시간이 적어지고 있습니다. 피곤한 몸과 편리한 삶이 주는 유혹이 공동체 기도 시간을 갖지 못하게 합니다. 그러나 이 시간이 없으면 신앙은 철저하게 개인주의가 되고 하나님 나라는 사라집니다. 이러한 신앙과 교회는 성경이 말하는 신앙과 교회와 아무 관계가 없습니다. 토속 신앙은 되지만 계시 신앙은 되지 못합니다.

어느 분이 영국으로 유학을 갔습니다. 처음 가는 나라였다고 합니다. 두렵고 긴장된 마음으로 학교에 도착하였다고 합니다. 그리고 마침 복도에서 한 교수님을 만나서 서로 인사를 하였습니다. 교수는 어느 나라에서 왔는지 물었고, 한국에서 왔다고 답을 했다고 합니다. 그러자 반가운 모습으로 자신은 한국을 위하여 날마다 기도하고 있다는 것입니다. 그래서 한국과 어떤 관련이 있는지 물었습니다. 그 교수는 아무 관련이 없다고 답을 하였습니다. 그래서 왜 한국을 위하여 기도하냐고 다시 물었습니다. 그러자 한국에도 그리스도의 교회가 있기에 늘 기도한다는 것입니다. 그 말에 충격을 받았고, 기도의 위대함을 깨달았고, 자신도 공부를 마치고 돌아와서 영국 교회와 열방의 교회를 위하여 기도한다는 이야기입니다.

한 사람의 기도에도 이러한 강력한 힘이 있습니다. 그런데 이러한 기도가 가장 강력하게 나타나고, 한 교회의 지체됨을 강렬하게 느끼는 시간은 바로 주중 공동체 기도입니다. 조나단 에드워즈는 이러한 기도를 기도합주회라고 하였습니다. 서로가 모여 기도함이 모이면 위대한 역사가 일어납니다. 홀로 하는 기도가 모여서 합주회가 될 때 그 울림소리는 천지를 진동합니다. 그러므로 교회가 서로 합의하고 세운 공적 기도합주회를 소중하게 여길 수 있어야 합니다. 여기에서 강력한 역사가 일어납니다.

셋째, 특별 기도회입니다. 공동체가 특별한 목적을 가지고 함께 모여 기도하는 일입니다. 특별 기도회는 성경이 자주 언급하는 기도회입니다. 그 대표는 미스바 기도회입니다. 나라를 위하여 온 백성이 함께 모여 기도하였습니다.

"사무엘이 이스라엘 온 족속에게 말하여 이르되 만일 너희가 전심으로 여호와께 돌아오려거든 이방 신들과 아스다롯을 너희 중에서 제거하고 너희 마음을 여호와께로 향하여 그만을 섬기라 그리하면 너희를 블레셋 사람의 손에서 건져내시리라 이에 이스라엘 자손이 바알들과 아스다롯을 제거하고 여호와만 섬기니라 사무엘이 이르되 온 이스라엘은 미스바로 모이라 내가 너희를 위하여 여호와께 기도하리라 하매 그들이 미스바에 모여 물을 길어 여호와 앞에 붓고 그 날 종일 금식하고 거기에서 이르되 우리가 여호와께 범죄하였나이다 하니라 사무엘이 미스바에서 이스라엘 자손을 다스리니라 이스라엘 자손이 미스바에 모였다 함을 블레셋 사람들이 듣고 그들의 방백들이 이스라엘을 치러 올라온지라 이스라엘 자손들이 듣고 블레셋 사람들을 두려워하여 이스라엘 자손이 사무엘에게 이르되 당신은 우리를 위하여 우리 하나님 여호와께 쉬지 말고 부르짖어 우리를 블레셋 사람들의 손에서 구원하시게 하소서 하니 사무엘이 젖 먹는 어린 양 하나를 가져다가 온전한 번제를 여호와께 드리고 이스라엘을 위하여 여호와께 부르짖으매 여호와께서 응답하셨더라"(삼상 7:3-9)

블레셋과의 전쟁을 앞두고 사무엘은 미스바로 모이게 하고 금식하고 회개하며 하나님께 기도하였습니다. 이 공동체의 합심 기도에 하나님은 응답하셨고, 블레셋과의 전투에서 승리하게 하셨습니다. 이러한 특별 기도는 국가의 위기에 처하였을 때 진행하였습니다. 포로에서 귀환한 에스라(스 9-10장)와 느헤미야(느 9장) 역시 금식을 선포하고 기도하였습니다. 선지자들은 위기의 상황에 특별 기도를 요청하였습니다. 꼭 국가적 위기가 아니라 할지라도 교회에 큰 어려움이 생기거나, 성도 가운데 심각한 어려움이 생길 때 교회는 특별 기도를 선포하고 함께 금식하며 기도합니다. 이렇게 공동체 기도는 특별한 위기에 모여 함께 기도합니다.

공동체 기도는 우주적 교회의 일원이자. 지상 교회 공동체의 한 지체임을 강력하게 인식하게 합니다. 홀로 존재하지 않습니다. 그리스도인은 언제나 한 지체입니다. 그래서 일면식 없지만 기도합니다. 아무 연고가 없지만 기도할 수 있습니다. 공동체 기도 시간을 갖지 못하면 토속적 신앙인이 됩니다. 개인적 만족만을 위한 신앙인이 됩니다. 지역의 공공선을 위한 인식이 잘 생기지 않습니다. 하나님 나라의 확장이 큰 의미로 다가오지 않습니다. 결국 성경이 말하는 신앙이 되지 못합니다. 공동체 기도 시간을 잘 가져야 합니다. 공동체가 살고, 나 자신이 사는 길입니다.

세 번째, 일상 기도

기도 모습 삼위일체의 세 번째입니다. 앞서서 골방기도와 공동체 기도를 살펴보았습니다. 이제 세 번째로 일상 기도를 나누고자 합니다. 기도 모습 가운데 가장 중요한 부분이 세 번째 부분입니다. 그 이유는 중요함을 인식하지 못하기 때문입니다. 중요한데 중요함을 인식하지 못하는 것처럼 위험한 것은 없습니다.

일상 기도는 삶의 매 순간이 기도임을 의미합니다. 그런데 이 사실을 인식하지 못하면 기도의 시간이 사라지고 맙니다. 하나님과 좋은 시간들이 구름처럼 사라지는 것만큼 슬픈 일은 없습니다. 일상 기도가 잘될 때 신앙의 삶은 풍성해집니다. 쉬지 말고 기도하라는 말씀이 실제가 됨을 경험하게 됩니다.

첫 번째 모습은 식사 기도와 잠자리 기도입니다. 기도의 모습 가운데 가장 가볍게 여기는 것이 있습니다. 바로 식사 기도입니다. 식사 기도는 일상기도의 기초와 같습니다. 여기서부터 생명이 싹틉니다. 그런데 식사 기도가 가장 빨리 관습화되고 긴장이 사라지는 기도입니다. 식사 기도는 몇 번인지 알 수 없습니다. 기본적인 하루 세 번의 식사 기도 말고도 다양한 형태의 식사 기도가 주어집니다.

일상 기도의 기초인 식사 기도는 우선 목적에 맞게 이뤄져야 합니다. 주신 음식에 대한 감사와 만들고 베푼 이들에 대한 축복과 먹을 음식을 통하여 이뤄질 일들에 대한 감사가 있어야 합니다. 짧은 시간이지만 본질적인 기도의 내용이 다 담겨있습니다. 식사의 자리가 어떤 자리이든 기도의 모습은 같아야 합니다. 식사 기도는 나의 시민권이 어디에 있는지 보여주는 고백입니다.

그리고 잠자리 기도입니다. 하루의 마지막과 새로운 한 날을 준비하는 시간인 잠자리에서 하는 기도입니다. 잠자리 기도는 일과를 마치는 것으로 끝나지 않습니다. 잠자는 순간에도 주님과 함께하겠다는 분명한 고백이 있습니다. 군 생활을 하였던 분들은 잘 아는 일이 바로 취침이 주는 행복입니다. 고된 일과를 마치는 취침을 위하여 불이 꺼지는 시간이 되면 이루 말할 수 없는 평화가 밀려옵니다. 이때는 기도하기에 가장 좋은 시간입니다.

잠자리 기도는 일상 기도의 꽃이라 할 수 있습니다. 식사 기도와 잠자리 기도는 일상 기도의 행복입니다. 잠자리 기도만 집중해도 하나님과의 교제는 매우 풍요로워집니다. 잠자리에 들어가는 짧은 시간이지만 영적인 풍성함을 체험하는 긴밀한 시간입니다. 이 시간을 결코 낭비해서는 안 됩니다. 삼위 하나님을 사랑하는 사람의 아름다움은 잠자리 기도에서 나타납니다.

두 번째, 생활 기도입니다. 일상 기도의 또 다른 모습은 생활 기도에 있습니다. 잠자리에서 일어나는 시간부터 하루의 삶이 시작합니다. 시작의 순간에 감사로 기도합니다. 일어나는 그 순간 생명을 주신 하나님께 감사를 드리고 하루도 하나님의 영광을 위해 살 수 있도록 읊조립니다.

아침은 각자의 영역에서 분주하게 시작합니다. 식사를 준비하는 사람, 학교와 직장으로 가야 하는 사람, 사업장을 열어야 하는 사람 등 활기가 시작되는 시간입니다. 그러기에 무엇보다도 기도가 필요한 시간입니다. 음식을 만들 때에 가족들을 위하여 하나님께 기도합니다. 새로운 하루가 시작될 때 만나고 일어나야 하는 사람들과의 관계를 위하여 기도합니다. 짧은 시간이지만 자신의 정체성을 확인하게 합니다. 하나님과 동행하는 기쁨을 누립니다. 생활 기도를 기억해야 합니다. 네가 선 곳이 거룩한 곳이라는 하나님의 말씀을 기억해야 합니다. 거룩한 곳에 있기에 바로 기도 자리가 됩니다.

세 번째, 도보 기도입니다. 도보 기도는 코로나19 상황에서 매우 유익하였습니다. 걷는 것이 단지 육체의 건강만을 위한 것으로 여기며 살았던 시간에서 영혼의 문제를 돌아보는 시간이 되었습니다. 도보 기도 만 보 프로젝트를 하면서 걷는 시간이 주는 영적인 풍성함을 누렸습니다. 걷는 것이 단지 육신의 건강만을 위한 것이었다면 잠깐의 유익만 있었을 것입니다. 그러나 도보 기도가 될 때 내세의 유익이 되었습니다.

"육체의 연단은 약간의 유익이 있으나 경건은 범사에 유익하니 금생과 내생에 약속이 있느니라"(딤전 4:8)

도보 기도는 금생과 내생에 약속이 있는 경건 훈련 가운데 하나입니다. 걷는 모든 길이 바로 기도의 자리입니다. 물론 도보 기도가 시간을 내어 걷는 골방 기도가 될 수 있습니다. 둘레길과 순례길을 작정하고 걷는다면 일상 기도가 골방 기도가 되는 경험을 하게 됩니다.

도보 기도는 걷는 모든 길이 기도의 시간이 됩니다. 그렇다고 한눈팔고 걷자는 것이 아닙니다. 나의 삶의 모든 순간이 하나님과 동행하는 것임을 잊지 말아야 합니다. 평범한 걸음이 기도의 발자국이 됩니다. 육체의 건강을 위하여 걷는 산길이 기도의 산이 됩니다. 기도가 함께할 때 금생과 내생의 약속을 부여받습니다.

코로나로 인하여 진행하였던 도보 기도 만 보 프로젝트 이야기를 소개합니다. 만 보는 2-3시간 정도의 거리입니다. 이 시간은 기도와 찬송과 말씀을 듣는 귀한 시간이 되었습니다. 말씀으로 시작합니다. 3-4장의 성경을 듣습니다. 그리고 기도하고 동시에 찬송을 듣습니다. 이때의 기도는 도고 기도가 중심이 됩니다. 교회와 성도와 선교지와 조국과 고난받는 이들을 위하여 기도합니다. 기도 후에 지난주 설교를 한 편 듣습니다. 그러면 만 보가 종료됩니다. 고난의 시간을 지혜롭게 이길 수 있었던 것은 도보 기도만 보였습니다. 만 보가 아니더라도 도보 기도의 자리를 만드는 일은 매우 좋습니다.

네 번째, 현장 기도입니다. 이 기도는 일상 기도의 중요한 측면입니다. 현장 기도는 기도의 때가 특별히 필요 없음을 알려줍니다. 현장 기도는 심방을 하거나, 방문을 하거나 사람을 만날 때 잠시 하는 기도입니다. 현장에서 즉시 기도하는 자리입니다. 기도가 필요한 환자를 만나거나, 기도의 요청이 있을 때 즉시로 기도하는 일입니다. 지체할 일이 없습니다. 전화를 받거나 소개를 받을 때 기도가 필요하다면 즉시로 기도합니다. 기도하는 곳이 현장이고 현장이 기도의 자리입니다.

그러나 현장 기도의 가장 핵심은 다양한 기도요청을 받을 때입니다. 사람들은 만나거나 혹은 이메일이나, SNS를 통하여 기도를 부탁받습니다. 서로 만난 적이 없어도 기도요청이 올 수 있습니다. 일면식이 없기에 말로만 기도한다고 하고 잊어버리는 경우가 비일비재합니다. 이것은 자칫 습관성 거짓말이 됩니다. 결코 하나님 앞에 합당한 모습이 아닙니다. 이때 필요한 것이 바로 현장 기도입니다. SNS에 답글을 쓰면서 기도합니다. 기도요청을 받고 기도하겠다고 하면서 전화를 끊을 때 바로 기도합니다. 기도한다는 말이 형식적인 인사가 되면 안 됩니다. 기도를 해야 합니다. 그래서 현장 기도가 필요합니다. 현장에서 바로 기도합니다. 짧지만 단 한 번의 기도라 할지라도 간절함으로 기도합니다. 기도는 결코 땅에 떨어지지 않습니다. 더구나 믿음의 기도는 역사하는 힘이 큽니다. 현장의 기도는 역사가 일어나는 기도입니다. 간절함이 기도의 역사를 일으킵니다. 그러므로 기도가 사라지는 일이 일어나면 안 됩니다.

기도 모습 삼위일체를 살펴보았습니다. 골방 기도와 공동체 기도와 일상 기도가 잘 어울릴 때 우리는 기도를 쉬는 일이 없어지고, 불청객을 맞이하는 일도 사라집니다. 기도는 영혼의 생명입니다. 나도 살고 가족이 살고, 공동체도 사는 일입니다. 기도는 쉬면 안 됩니다. 기도는 삶이 되어야 합니다. 기도의 자리가 언제나 풍성하기를 바랍니다. 아마 이 말을 들으면서 그럼 어떻게 기도해야 할까 질문이 생길 것입니다. 다음에서 그 질문에 대한 답을 찾아보기로 하겠습니다.

4부 : 그러면 어떻게 기도할까?

우리는 기도의 표준을 가지고 있습니다. 바로 주님이 가르쳐주신 기도입니다. 이것은 기도가 어떻게 이뤄지는지를 보여주고 있습니다. 그래서 주기도문을 잘 이해하는 것이 중요합니다.

일반 기도를 위해서는 주기도문이라는 기준 위에서 기도를 해야 합니다. 기도는 하나님과의 교제입니다. 영혼의 호흡입니다. 성경은 기도의 모습이 다양하게 나타나 있습니다. 세리의 기도, 바리새인의 기도, 감람산의 기도, 38년 된 환우의 기도, 신체 장애를 가진 이의 기도, 백부장의 기도 등 다양합니다. 이들의 기도는 주기도문을 외우지 않았습니다. 그러나 주님이 가르친 기도의 내용이 모두 포함되어 있습니다.

그래서 기도는 주님이 가르치신 기도를 뼈대로 하여 살을 붙이는 작업이라고 할 수 있습니다. 이때 살이 되는 부분이 기도의 내용이 됩니다.

기도가 풍성하고 성경의 가르침에 충실하기 위해서는 다음의 네 가지를 가지는 것이 좋습니다.

하나님의 약속을 기억하는 기도

기도할 때 하나님의 약속에 근거하여 기도해야 합니다. 일용할 양식을 주신다는 약속에 근거하여 기도하는 것입니다. 나의 기도가 허공을 치는 주문이 되지 않으려면 하나님의 약속을 기억하는 기도가 되어야 합니다.

야고보 사도는 병든 자를 위하여 기도할 때 믿음의 기도는 역사하는 힘이 크다고 하였습니다. 이 약속을 기억하면서 환우들을 위하여 기도합니다. 물론 기도의 응답은 하나님께 있습니다. 그러나 기도의 자세는 말씀에 있습니다. 하나님은 우리에게 형제를 위하여 기도할 수 있는 은혜를 주셨습니다. 서로 도고 기도하여야 합니다. 함께 모이지 못한다면 도고 기도를 하여야 합니다. 우리가 걷고 있는 모든 길이 기도의 길입니다. 그 길에서 역사가 일어납니다.

"이러므로 너희 죄를 서로 고하며 병 낫기를 위하여 서로 기도하라 의인의 간구는 역사하는 힘이 많으니라"(약 5:16)

서로 도고해야 합니다. 서로를 위하여 믿음으로 기도해야 합니다. 믿음의 기도는 역사를 일으키고 신앙의 완주를 감당하게 합니다. 예수님 역시 구하고 찾고 두드리라고 하였습니다. 그러면 구할 것이고, 찾을 것이고, 열릴 것이라 하였습니다. 믿음의 기도는 산을 옮길 수 있다고 약속하셨습니다[막11:23]. 기도는 이렇게 약속에 대한 확신 속에서 합니다. 기도할 때 힘이 되는 것은 약속하신 분이 하나님이시기 때문입니다. 그래서 약속에 따라 기도합니다. 예레미야 선지자에게 주신 약속을 다시 한번 기억하시기 바랍니다.

"일을 행하시는 여호와, 그것을 만들며 성취하시는 여호와, 그의 이름을 여호와라 하는 이가 이와 같이 이르시도다 너는 내게 부르짖으라 내가 네게 응답하겠고 네가 알지 못하는 크고 은밀한 일을 네게 보이리라"(렘 33:2-3)

기도할 때 응답하신다고 약속하셨습니다. 기도는 하나님의 약속을 확신할 때 강력한 힘을 나타냅니다. 강력한 기도는 약속에 대한 확신에 있습니다. 하나님이 이사야 선지자에게 보여주신 강력한 약속은 이스라엘은 고난 가운데 견디게 하였습니다.

"야곱아 너를 창조하신 여호와께서 지금 말씀하시느니라 이스라엘아 너를 지으신 이가 말씀하시느니라 너는 두려워하지 말라 내가 너를 구속하였고 내가 너를 지명하여 불렀나니 너는 내 것이라"(사 43:1)

하나님이 너는 내 것이라고 말씀하셨습니다. 하나님의 소유인 우리가 어떻게 망하겠습니까? 기도는 이 약속에 대한 확신에 기반합니다. 하나님의 소유임을 알기에 기도할 수 있습니다. 내가 하나님의 소유임을 알 때 자신 있게 기도할 수 있습니다. 머뭇거리지 않고 기도할 수 있습니다. 그리고 기도의 능력을 경험하게 됩니다.

설교를 기억하는 기도

기도의 내용이 풍성해지고, 기도를 쉬지 않는 것은 설교를 기억하는 기도입니다. 설교를 이해하고. 적용하고 기도할 때 기도의 내용은 풍성해집니다. 그리고 실제적인 기도가 됩니다. 선포된 말씀이 다시금 기도로 나타나기 때문입니다.

이때 설교는 강해 설교가 되어야 바르게 기도할 수 있습니다. 성경의 가르침과 다른 설교자의 주장이 강조된 설교는 성도의 기도를 빈약하게 만들고, 왜곡되게 합니다. 그 이유는 말씀에서 떠난 기도가 되기 때문입니다. 그러므로 강해 설교와 함께할 때 기도가 풍요롭게 됩니다.

설교를 기억하는 기도가 되려면 설교에 집중하고, 설교를 요약하는 과정이 필요합니다. 설교를 흘려들으면 기도가 부실해집니다. 성령께서 말씀을 통하여 역사하시는데 말씀을 흐리면 성령의 역사도 빈약해집니다. 말씀으로 오시는 성령께서 임하지 않기 때문입니다. 설교를 기억하며 행하는 기도를 소개합니다.

"거룩하신 하나님 감사합니다. 혼란스럽고 여러모로 힘든 세상

가운데 우리를 하나님의 자녀 삼아 주셔서 말씀을 들을 수 있는 은혜를 주심에 감사합니다. 여러 가지 상황 중에서 예배의 중요성을 알게 하여 주셔서 우리를, 교회를 건강하게 세워나가게 하여주시고 한마음으로 섬기게 하여주셔서 감사드립니다. 다른 무엇을 귀히 여기고 섬기는 것이 아니라 오직 예수그리스도의 영광을 위하여 사는 우리가 되게 하여주시옵소서. 욕심과 욕망으로 사는 것이 아니라 그리스도의 사랑을 받음을 알고 빚진 지로 살아가게 하여주시옵소서. 진리의 말씀 안에서 우리의 생각을 감찰하게 하여주시고 하나님이 주시는 지혜와 지식으로 살아가게 하여주시옵소서. 어려움 가운데 있는 성도들을 위로하여 주시고 다른 무엇이 아니라 오직 하나님만을 의지하며 어려운 시간을 잘 이기게 하여주시옵소서. 우리 교회 가운데 늘 함께하여 주셔서 어려운 이웃을 살피며 선교사들을 돕는 교회 되게 하여주시옵소서. 그리하여 건강하게 세워진 교회를 다음 세대에게 잘 물려줄 수 있도록 늘 인도하여 주시옵소서. 또한 직분자들이 교회를 위하여 간절함으로 기도하게 하여주시고 성도들을 잘 살피게 하여주시옵소서.

병원에 입원 중인 집사님이 속히 회복될 수 있도록 도와주시고 주혜가 건강하게 퇴원할 수 있도록 하여주시옵소서. 몸이 힘들어서, 마음이 힘들어서 지쳐 있는 성도들이 있습니다. 우리의 힘이 아닌 하나님께 맡기며 그 시간을 잘 이기게 하여주시고 속히 회복될 수 있도록 지켜주시옵소서. 우리의 삶이 헛된 우상을 섬기고 있는 것은 아닌지 늘 되돌아보며 살아가게 하여주시고 온전히 하나님께만 집중하여 살아가게 하여주시옵소서.

이 시간 영적 훈련의 중요성에 대해 배웁니다. 우리의 심령에 잘 심어지게 하여주시고 듣는 것으로 끝나는 것이 아니라 행하므로 나타나는 믿음 되게 하여주셔서 그리스도의 선한 영향력이 있는 곳에서 드러나게 하여주시옵소서.

말씀 전하시는 목사님 언제나 영육 간에 강건함으로 지켜 주시고 듣는 우리의 마음이 온전히 집중하는 시간 되게 하여주시옵소서. 예수그리스도의 이름으로 간절히 기도합니다. 아멘."(2021. 11. 28. 기도문)

"거룩하시고 사랑이 많으신 하나님 아버지, 주님의 은혜와 사랑에 감사드립니다. 우리 교회를 사랑해 주시고 지난 삼일 간 지켜 주셨다가 수요일에 모여 주님을 찬양하고 기도하며 말씀 듣는 자리로 인도해 주심에 감사드립니다. 코로나로 또 여러 이유로 모이기를 폐하는 교회들이 많은 상황에서 우리 교회로 깨어있게 하시고 모여 예배하게 하신 은혜에 감사드립니다.

우리 교회에 주님의 특별한 은혜를 부어주시고 우리가 모일 때 하나님을 찬미하게 하시며 온 백성의 칭송을 받게 하시고 구원받는 자가 날마다 더해지는 복을 주시기를 기도합니다. 이 일을 위해 세우신 직분자들을 축복해 주시고, 목사님, 장로님 그리고 집사님들과 여러 봉사자들에게 은혜를 더해 주셔서 기쁨으로 교회를 세워가게 하시고, 믿음이 연약한 자들을 일으켜 세워주게 하시며, 성령과 지혜가 충만하여 교회의 여러 일들을 주님 뜻대로 섬길 수 있도록 도와 주시기를 기도합니다. 또한 건강과 체력도 주셔서 지치지 않게 하시고 혹 지치더라도 연약해진 우리 몸을 세워 주시고 주의 일을 이어가게 하여 주시기를 기도합니다.

우리는 주님 오심을 맞이하는 교회가 되기를 기도하고 있습니다. 주님의 말씀이 바르게 선포되게 하시고, 배운 말씀을 우리 자녀들에게 또 그 자녀들에게 잘 전달하여 주님 오실 때까지 지속되는 교회 되도록 축복해 주시기를 기도합니다. 내가 거룩하니 너희도 거룩하라고 하신 주님, 주님 오시는 날까지 성경의 가르침에 따라 거룩함에 힘쓰고 주님의 칭찬받는 교회 되게 해 주시고, 우리 소망을 살아계신 하나님께 두고 말씀을 듣는 일과 가르치는 일과 배우는 일에 힘쓰게 해 주시기를 기도합니다.

환우들을 위해 기도합니다. 육체의 연약함으로 고난 가운데 있는 성도를 찾아가 주시고 치료하는 모든 과정에 주님의 손으로 함께해 주시고 더욱 주님을 의지함으로 이겨낼 수 있도록 힘주시기를 기도합니다. 믿음이 연약한 자들을 찾아가 주시고, 사람의 마음을 움직이시는 주님께서 그들의 마음을 돌이키사 말씀 듣는 자리로 나아와 함께 예배하게 하여주시기를 기도합니다.

말씀 전하시는 목사님 영육의 강건함을 더하여 주시고 오직 하나님의 말씀만 담대하게 증거하게 하여주옵소서. 그래서 우리 교회와 어두워져 가는 이 세대를 말씀으로 깨우치는 역할을 감당할 수 있도록 힘 주시기를 기도합니다. 말씀을 듣는 우리도 집중하여 듣게 하시고 주님께서 주시는 은혜를 풍성히 누리는 귀한 시간 되도록 인도해 주옵소서. 예배의 처음과 끝을 주님께 맡기며 거룩하신 우리 주 예수그리스도의 이름으로 기도했습니다. 아멘."(2022년 9월 21일 수요예배 기도)

설교를 기억하는 기도는 설교를 나의 삶에 적용할 때 확실해집니다. 삶에 적용되지 않는 설교는 힘을 상실합니다. 삶에 적용될 때 설교는 강력한 힘을 가지게 됩니다. 그래서 기도는 이러한 강력한 힘을 유지하게 합니다. 기도를 힘 있고 풍성하게 하려면 설교를 기억하고 적용해야 합니다.

성경 말씀을 암송하는 기도

기도는 정확해야 합니다. 중언부언하는 기도는 의미가 없습니다. 모두 허공을 향하기 때문입니다. 공기 가운데 바람처럼 사라집니다. 하나님께 올라가는 향기가 되려면 정확하게 기도해야 합니다. 그렇기 때문에 예수님은 많은 말을 해야만 하나님이 듣는 것으로 생각하면 안 된다고 하셨습니다.

> "또 기도할 때에 이방인과 같이 중언부언하지 말라 그들은 말을 많이 하여야 들으실 줄 생각하느니라"(마 6:7)

하나님은 외모를 보시지 않고 중심을 보시는 분입니다. 그러므로 외식적인 화려한 언어로 기도할 때 받으신다는 것은 착각입니다. 사람들은 현혹당할 수 있지만, 하나님은 속지 않습니다. 중심을 보시는 하나님께서 기도자의 모습을 정확하게 아십니다.

정확한 기도를 위해서 성경을 가지고 기도하는 것이 최고입니다. 성경을 암송하여 기도하는 것이 중언부언하지 않는 기도입니다. 역사상 가장 아름다운 기도를 남긴 분이 있다면 매튜 헨리라고 할 수 있습니다. 매튜 헨리는 주석학자이지만, 기도의 사람이었습니다. 그의 『기도』라는 책은 처음부터 끝까지 성경을 가지고 기도합니다. 아침에 일어나서 아침을 먹고 일을 하고, 저녁에 잠자리에 들 때까지의 기도가 다 성경으로 되어 있습니다. 기도가 성경이고, 성경이 기도임을 보여줍니다. 성경을 가지고 기도할 때 이처럼 풍성한 기도가 없습니다. 그래서 말씀을 암송하는 기도는 정확하게 기도하고, 충만하게 기도하게 합니다. 매튜 헨리

의 기도를 소개합니다. 우리의 영혼과 앞으로의 삶과 관련된 하나님의 섭리에 대한 감사기도입니다.[1]

(1) 죄로 인하여 죽음에 처한 인간에 대한 하나님의 은혜로우신 구속과 구원의 계획에 대하여 감사해야 한다.

"우리 구주 하나님의 자비와 사랑을 나타내실 때 우리를 구원하시되 우리의 행한 바 의로운 행위로 말미암지 아니하고 오직 그의 자비를 좇아 행하셨도다(딛 3:4, 5). 우리는 패망하였으나 오직 우리의 도움은 주님이시라(호 13:9). 우리가 들에 버려지고 긍휼히 여긴 자도 없고 우리의 피로 오염되었을 때 주께서는 우리에게 이르시기를 너는 피투성이라도 살라, 피투성이라도 살라고 하셨나이다 그때가 사랑스러운 때라(겔 16:5, 6, 8). 어느 누구도 결코 그의 형제를 구속하지 못하며 자기를 위하여 하나님께 속전을 바치지도 못하리라(시 49:7), 오직 하나님이 그 사람을 긍휼히 여기사 그를 건져 구덩이에 내려가지 않게 하시며, 네가 대속물을 얻었다 하실 것이라(욥 33:24). 우리는 필경 죽을 것이나 하나님은 생명을 빼앗지 아니하시고 방책을 베푸사 하나님께 버린 자가 되지 않게 하시나이다(삼하 14:14). 하나님께서는 범죄한 천사들을 용서치 아니하시고 지옥에 던지셨으나(벧후 2:4), 인류에 대하여 그 같이 행하여 다 멸하지 아니하셨나이다(사 65:8). 곧 감추었던 것인데 오직 비밀한 가운데 하나님의 지혜가 나타났도다 그 지혜는 우리의 영광을 위하여 만세 전에 미리 정하신 것이라 (고전 2:7)."

---

1   매튜 헨리, 『기도』, 황봉환 역(서울: 진리의 깃발, 2004), 128-129쪽.

(2) 인류의 구속에 대한 하나님의 영원한 목적과 계획에 대하여 감사해야 한다.

"오! 하나님이여, 처음부터 우리를 택하사 성령의 거룩하게 하심과 진리를 믿음으로 구원을 얻게 하심을 감사하나이다(살후 2:13), 이는 주의 은혜로 택하심을 따라 남은 자를 구원하려 하심이라(롬 11:5), 하나님은 창세 전에 우리를 그리스도 안에서 택하사 우리로 사랑 안에서 그 앞에 거룩하고 흠이 없게 하시려고 그 기쁘신 뜻대로 우리를 예정하사 예수 그리스도로 말미암아 자기의 아들들이 되게 하셨으니 이는 그의 사랑하시는 자 안에서 우리에게 거저 주시는 바 그의 은혜의 영광을 찬미하게 하려는 것이라(엡 1:4-6). 그들은 아버지의 것이었으나 주께서 그들을 아들에게 주셨음이라, 주께서 그리스도에게 주신 자들 중에 하나라도 잃어버리지 아니하고 마지막 날에 다시 살리는 이것이 아버지의 뜻이니라(요 17:6; 6:39)."

매튜 헨리의 기도는 성경의 가르침을 충분하게 간직한 기도라고 할 수 있습니다. 특별히 성경 말씀을 암송할 때 주어지는 기도의 풍성함은 시편을 통하여 배울 수 있습니다. 시편을 묵상할 때마다 시편 저자들의 간절한 기도 소리를 듣습니다. 자신들의 삶에 일어난 일들에 대한 간절한 기도는 하나님의 마음을 움직이기에 충분하였습니다. 시편 전체가 말씀으로 기도하는 길을 알려줍니다. 그 가운데 시편 24편부터 39편까지의 말씀을 생각하고자 합니다. 한 편 한 편이 신자의 삶이 어떠해야 하는지를 보여주고 있습니다.

"여호와의 산에 오를 자가 누구며 그의 거룩한 곳에 설 자가 누구인가 곧 손이 깨끗하며 마음이 청결하며 뜻을 허탄한 데에 두지 아니하며 거짓 맹세하지 아니하는 자로다"(시 24:3-4)

"내 영혼을 지켜 나를 구원하소서 내가 주께 피하오니 수치를 당하지 않게 하소서"(시 25:20)

"여호와여 나를 살피시고 시험하사 내 뜻과 내 양심을 단련하소서"(시 26:2)

"내가 여호와께 바라는 한 가지 일 그것을 구하리니 곧 내가 내 평생에 여호와의 집에 살면서 여호와의 아름다움을 바라보며 그의 성전에서 사모하는 그것이라"(시 27:4)

"여호와를 찬송함이여 내 간구하는 소리를 들으심이로다"(시 28:6)

"여호와께서 자기 백성에게 힘을 주심이여 여호와께서 자기 백성에게 평강의 복을 주시리로다"(시 29:11)

"주께서 나의 슬픔이 변하여 내게 춤이 되게 하시며 나의 베옷을 벗기고 기쁨으로 띠 띠우셨나이다"(시 30:11)

"너희 모든 성도들아 여호와를 사랑하라 여호와께서 진실한 자를 보호하시고 교만하게 행하는 자에게 엄중히 갚으시느니라"(시 31:23)

"이로 말미암아 모든 경건한 자는 주를 만날 기회를 얻어서 주께 기도할지라 진실로 홍수가 범람할지라도 그에게 미치지 못하리이다"(시 32:6)

"여호와는 그를 경외하는 자 곧 그의 인자하심을 바라는 자를 살피사 그들의 영혼을 사망에서 건지시며 그들이 굶주릴 때에 그들을 살리시는도다"(시 33:18-19)

"의인은 고난이 많으나 여호와께서 그의 모든 고난에서 건지시는도다 그의 모든 뼈를 보호하심이여 그 중에서 하나도 꺾이지 아니하도다"(시 34:19-20)

"내 영혼이 여호와를 즐거워함이여 그의 구원을 기뻐하리로다 내 모든 뼈가 이르기를 여호와와 같은 이가 누구냐 그는 가난한 자를 그보다 강한 자에게서 건지시고 가난하고 궁핍한 자를 노략하는 자에게서 건지시는이라 하리로다"(시 35:9-10)

"나의 혀가 주의 의를 말하며 종일토록 주를 찬송하리이다"(시 35:28)

"진실로 생명의 원천이 주께 있사오니 주의 빛 안에서 우리가 빛을 보리이다 주를 아는 자들에게 주의 인자하심을 계속 베푸시며 마음이 정직한 자에게 주의 공의를 베푸소서"(시 36:9-10)

"네 길을 여호와께 맡기라 그를 의지하면 그가 이루시고 네 의를 빛 같이 나타내시며 네 공의를 정오의 빛 같이 하시리로다"(시 37:5-6)

"여호와께서 정의를 사랑하시고 그의 성도를 버리지 아니하심이로다 그들은 영원히 보호를 받으나 악인의 자손은 끊어지리로다"(시 37:28)

"내가 피곤하고 심히 상하였으매 마음이 불안하여 신음하나이다 주여 나의 모든 소원이 주 앞에 있사오며 나의 탄식이 주 앞에 감추이지 아니하나이다"(시 38:8-9)

"속히 나를 도우소서 주 나의 구원이시여"(시 38:22)

"여호와여 나의 기도를 들으시며 나의 부르짖음에 귀를 기울이소서 내가 눈물 흘릴 때에 잠잠하지 마옵소서 나는 주와 함께 있는 나그네이며 나의 모든 조상들처럼 떠도나이다 주는 나를 용서하사 내가 떠나 없어지기 전에 나의 건강을 회복시키소서"(시 39:12-13)

그리스도인이 사는 힘은 말씀에 의지하여 기도하는 일입니다. 믿음의 선배들이 세상이 감당치 못하는 삶을 살 수 있었던 것은 말씀에 의지하여 기도하였기 때문입니다. 삶이 기쁠 때나 고난이 있을 때나 한결같은 믿음의 자세는 말씀에 의지하여 감사하고 기도하는 일입니다.

하나님의 응답을 확신하는 기도

기도가 풍성하기 위해서 반드시 가지고 있어야 할 자세는 하나님의 응답을 확신하는 자세입니다. 예수님은 기도하는 자는 이미 받은 줄로 여기라고 하였습니다.

"내가 진실로 너희에게 이르노니 누구든지 이 산더러 들리어 바다에 던져지라 하며 그 말하는 것이 이루어질 줄 믿고 마음에 의심하지 아니하면 그대로 되리라 그러므로 내가 너희에게 말하노니 무엇이든지 기도하고 구하는 것은 받은 줄로 믿으라 그리하면 너희에게 그대로 되리라"(막 11:23-24)

기도의 강력한 대적자는 의심입니다. 의심하고 기도하면 기도가 될 수 없습니다. 의심이 들어가는 순간 기도는 하나님께 상달되지 않습니다. 또한 의심하면 기도가 나오지 않습니다. 의심이 들면 기도를 해도 억지로 하고, 마지못해서 하게 됩니다. 거기에서 응답이 있다는 것은 불가능합니다. 야고보 사도는 이 문제에 있어서 분명하였습니다.

"너희 중에 누구든지 지혜가 부족하거든 모든 사람에게 후히 주시고 꾸짖지 아니하시는 하나님께 구하라 그리하면 주시리라 오직 믿음으로 구하고 조금도 의심하지 말라 의심하는 자는 마치 바람에 밀려 요동하는 바다 물결 같으니 이런 사람은 무엇이든지 주께 얻기를 생각하지 말라"(약 1:5-7)

의심하는 자는 마치 바람에 밀려 요동하는 바다 물결 같다고 하였습니다. 이리저리 흔들리는 사람에게는 소망이 없습니다. 기도는 약속과 응답에 대한 확신 가운데 해야 합니다. 기도는 하나님의 응답을 확신할 때 이뤄집니다. 하나님의 응답에 대한 확신이 없으면 기도는 더 이상 깊어질 수 없습니다. 하나님은 기도에 대하여 응답하시는 방법이 다양합니다.

첫째, 하나님은 기도에 침묵으로 응답하십니다. 둘째, 하나님은 기도 응답에 긴 시간을 가지고 주십니다. 마지막으로 하나님은 기도에 다른 방편으로 응답하시기도 합니다. 기도 응답이 자판기와 같은 것이 아님을 말씀합니다. 기도는 인격적인 행위입니다. 그래서 기도 응답은 다양하게 나타납니다. 기도에 대한 하나님의 응답은 반드시 이뤄지지만 합력하여 선을 이루십니다. 그래서 기도는 위대합니다. 기도하지 않고는 기도의 위대함을 경험할 수 없습니다.

지금까지 그러면 우리는 어떻게 기도할까를 살펴보았습니다. 기도의 표준을 가지고 있는 우리들은 언제든지 기도할 수 있습니다. 그러나 기준에 머무는 것이 주님의 뜻이 아닙니다. 더욱 깊은 기도의 자리에 나가기를 원하십니다. 기도의 풍요로움은 네 가지의 모습을 통하여 시작할 수 있습니다. 기도를 못 하겠다는 말은 영아의 신앙입니다. 유아와 주일학교를 거쳐 자라야 합니다. 그래서 주님과 풍성한 교제를 가져야 합니다.

기도의 자리는 생명의 자리입니다. 기도가 쉬게 되면 불청객에게 괴롭힘을 당하게 됩니다. 기도가 쉴 때 다가오는 불청객을 바르게 인지하는 일이 중요합니다. 그리고 기도 모습 삼위일체를 잘 활용해야 합니다. 그리고 기도의 내용이 하나님의 보좌에 상달되기 위하여 그 내용이 온전해야 합니다. 기도가 풍성한 하나님의 사람이 필요한 시대입니다.

5부 : 내 평생에 기도하리라

여호와께서 내 음성과 내 간구를 들으시므로 내가 그를 사랑하는 도다 그의 귀를 내게 기울이셨으므로 내가 평생에 기도하리로다 사 망의 줄이 나를 두르고 스올의 고통이 내게 이르므로 내가 환난과 슬픔을 만났을 때에 내가 여호와의 이름으로 기도하기를 여호와여 주께 구하오니 내 영혼을 건지소서 하였도다 (시편 116:1-4)

영적인 성장은 하루아침에 이루어지지 않습니다. 예수 믿는 순 간 성자가 된다면 얼마나 좋겠습니까? 그러나 역사상 누구도 하 루아침에 성자가 되지 못하였습니다. 모두가 한결같이 어려움을 겪고 치열한 씨름을 하고 쥐어 터지기도 하면서 한 걸음씩 자라 났습니다. 마치 농부가 씨를 뿌려 놓고 추수할 날을 기다리듯이 그렇게 기다려야 성장합니다. 하지만 성장이 시간만 간다고 해서 이루어지는 것은 아닙니다. 시간의 흐름이 당연하지만 그 흐름 가운데 해야 할 일들이 있습니다. 다윗은 이 성장의 여정에서 기도의 모범을 보여줍니다. 시편 116편은 평생 동안 기도하는 삶의 모습을 보여줍니다. 다윗은 하나님이 함께하심에 대하여 큰 감사를 드리고 있습니다. 우리가 알고 있듯이 다윗은 이스라엘의 위대한 왕이었습니다. 하지만 다윗은 왕이 되기까지 쉬운 길을 걸어가지 않았습니다. 또한 왕이 되어서도 그의 삶은 힘들고 고달팠습니다. 그러나 다윗은 이러한 모든 위기의 순간을 잘 이기고 이스라엘의 가장 존경받는 왕이 되었습니다. 다윗은 이러한 자신의 삶의 열매가 어디서부터 왔는지 잘 알고 있었습니다. 그리고 결코 잊지 않았습니다. 이러한 다윗의 신앙은 위대한 왕으로, 존경받는 왕으로, 성경의 기록자로 오고 오는 세대를 통해 기록된 것입니다.

구원받은 자의 특권, 기도

특히 시편 116편 1-4절의 말씀은 다윗이 가지고 있었던 영적 성장의 키워드를 잘 보여주고 있습니다. 다윗은 "내가 평생에 기도할 것이라"라고 노래합니다. 자신이 살아 있는 동안 기도하는 것을 쉬지 않겠다는 고백입니다. 평생 동안 잊지 않고 해야 할 일이 바로 기도임을 강조하는 말입니다. 기도는 다윗이 영적으로 성장하는 데 있어서 중요한 책무였습니다. 기도가 주는 능력을 알았고 기도의 삶을 살았기에 다윗은 위기와 고난을 극복할 수 있었습니다. 그리고 어떠한 순간에도 하나님을 떠나지 않았고 영화롭게 하는 삶을 살 수 있었습니다.

평생 기도하였고 기도의 영광을 보았던 다윗이 전하고 있는 이 말씀은 오늘 우리들에게 중요한 가르침을 줍니다.

첫째로 기도는 구원받은 자의 특권입니다. 매튜 헨리는 기도에 대하여 말하기를 "기도는 하나님이 계심을 인정함과 하나님에 대한 열망을 엄숙하고도 경건하게 올려드리는 일이다"라고 하였습니다. 이 말을 잘 들여다보면 기도는 구원받은 자만이 할 수 있는 것임을 알 수 있습니다. 구원은 하나님의 은혜로 하나님이 살아계시고 우리에게 말씀하시는 분임을 인정하는 것입니다. 이러한 믿음이 있을 때 우리는 기도할 수 있습니다.

하나님에 대한 확신이 없다면 우리는 결코 기도할 수 없습니다. 하나님을 믿지 못하면서 하는 기도는 일종의 주문일 뿐입니다. 하지만 구원받은 자의 기도는 주문이 아닙니다. 살아계신 하나님과의 깊은 교제입니다. 주문은 홀로 외치는 것입니다. 그래서 누가 듣는지 상관하지 않습니다. 혼자 떠드는 것입니다. 그러나 기도는 다릅니다. 기도는 하나님과의 교제입니다. 하나님과의 영적인 소통입니다. 그러므로 기도는 외치는 것으로 끝나지 않고 응답하심을 기다립니다. 하나님의 뜻이 기도하는 우리의 영혼을 지배할 수 있도록 우리를 내어 주는 것이 바로 기도입니다.

다윗은 자신이 평생에 기도할 수밖에 없는 이유를 말합니다. 그 것은 "내 소리와 간구를 들으시는 하나님을 알았기" 때문입니다. 1절에서 다윗은 이렇게 고백합니다. "하나님께서 내 음성과 내 간구를 들으셨습니다." 이 얼마나 놀라운 고백입니까? 인격적이며 살아계시며 말씀하시는 하나님께서 우리의 소리와 간구를 들으십니다. 우리가 마음을 다하고 뜻을 다하여 하나님을 향하여 부르짖는 것이 의미 있는 것은 하나님께서 우리의 음성과 간구를 들으시기 때문입니다. 다윗은 이 사실을 잘 알고 있었습니다. 그러므로 그는 기도하기를 쉴 수가 없었습니다. 시편 66편 20절에서 다윗은 기도에 대한 하나님의 은혜가 무엇인지 고백합니다.

"하나님을 찬송하리로다 그가 내 기도를 물리치지 아니하시고 그의 인자하심을 내게서 거두지도 아니하셨도다"

하나님은 자녀들의 기도를 물리치지 않으십니다. 이 사실을 안다면 하나님을 찬양하지 않을 수 없습니다. 이렇게 다윗은 자신을 향한 하나님의 놀라운 사랑을 알았고 고백하였습니다. 다윗이 기도의 사람이 될 수 있었던 그 근본은 바로 기도에 응답하시는 하나님을 확신하였기 때문입니다.

이렇듯 다윗이 분명한 확신을 가지고 평생 동안 기도하기를 힘쓸 수 있었던 것은 작은 소리에도 귀를 기울이시는 하나님을 알았기 때문입니다. "그 귀를 내게 기울이시는 하나님"을 알았습니다.[2절] 귀를 기울이는 것은 나를 향하여 돌아서는 것입니다. 무관심 아닌 적극적 관심을 나타내는 행위입니다. 외치는 소리를 자세하게 들으려고 하는 다정한 태도입니다. 또한 이것은 가볍게 듣지 않고 진지하게 듣겠다는 표현입니다. 다윗은 이 사실을 알았기에 자주 고백하였습니다.

"내가 여호와를 기다리고 기다렸더니 귀를 기울이사 나의 부르짖음을 들으셨도다"(시편 40:1)

이 얼마나 놀라운 일입니까? 하나님께서 우리의 음성과 우리의 간구를 귀를 기울여서 듣습니다. 우리의 기도의 소리 하나를 버리지 않으시고 듣습니다. 이것은 자녀에 대한 하나님의 사랑을 분명하게 보여 주심입니다. 이렇게 구원받은 우리는 하나님의 놀라운 사랑을 받은 자입니다.

몇 해 전 한 아이가 대통령에게 자신의 어머니 이야기를 써서 보냈습니다. 어렵게 사는 어머니의 상황을 있는 그대로 기록하여 편지로 보냈습니다. 그 아이는 대통령이 자신의 이야기를 들어주기를 기대하였습니다. 대통령은 실제로 이 아이의 편지를 읽었고 국무회의에서 편지의 내용을 소개하고 친히 답장을 보냈습니다. 이 일로 온 매스컴은 물론이고 주변의 있는 사람들이 이 아이를 주목하였고 도움의 손길이 이어졌습니다. 이 아이의 기쁨을 이해할 수 있겠습니까? 이루 말할 수 없이 기뻐하였습니다. 이 아이는 자신의 편지에 대통령이 관심을 가져 주었다는 사실에 정말 신이 났습니다. 이렇게 땅의 대통령의 응답에도 기뻐하고 즐거워하고 고마워하는데 하물며 하나님이 응답해 주신다면 그 기쁨과 행복은 이루 말할 수 없을 것입니다.

우리 주님은 이렇게 말씀하십니다. "너희 중에 누가 아들이 떡을 달라 하는데 돌을 주며 생선을 달라 하는데 뱀을 줄 사람이 있겠느냐 너희가 악한 자라도 좋은 것으로 자식에게 줄 줄 알거든

하물며 하늘에 계신 너희 아버지께서 구하는 자에게 좋은 것으로 주시지 않겠느냐" (마태복음 7:9-11)

자녀의 특권은 아버지의 선물을 누리는 것입니다. 우리 주님은 자녀들에게 가장 좋은 것을 주시는 분입니다. 우리의 기도는 결코 소실되지 않습니다. 반드시 응답됩니다. 이러한 믿음이 다윗에게 있었습니다. 그러므로 내가 하나님을 사랑하고, 평생에 기도할 것이라고 고백하는 것입니다. 하나님이 공급하여 주시는 선물을 받았던 다윗은 평생 동안 하나님과 깊은 교제를 한 사람이었습니다.

기도는 구원받은 자에게 주어진 선물이며 특권입니다. 아무나 가질 수 없는 특권을 받은 자로서 복 있는 삶을 살 수 있기를 바랍니다. 하지만 특권이 있음에도 불구하고 사용하지 않는다면 스스로 자신을 불쌍하게 만드는 것입니다. 영적으로 성장할 수 있는 길을 알려주었음에도 불구하고 그 길에 들어서지 않고 불평하는 자는 가장 불쌍한 사람입니다. 우리에게 주어진 이 특권을 가장 값지게 사용할 수 있기를 바랍니다. 우리의 음성과 간구에 귀를 기울이시는 하나님의 은혜를 자신의 것으로 품으시기 바랍니다.

삶의 어려움을 극복하는 능력

다윗은 평생에 기도함을 자랑스럽게 고백합니다. 평생에 기도하겠다는 이 선언은 기도만큼 삶에 유익을 주는 것이 없음을 알기에 하는 고백입니다. 다윗의 일생은 참으로 험난하였습니다.

그러나 다윗은 이러한 험난한 순간을 극복하였습니다. 다윗이 이러한 현실을 극복할 수 있었던 힘의 근원은 기도였습니다. 다윗의 고백을 보시기 바랍니다. "사망의 줄이 나를 두르고 스올의 고통이 내게 이르므로 내가 환난과 슬픔을 만났을 때에"[3절] 다윗은 수없이 많은 죽음의 순간을 맞이하였습니다. 사망의 위험이 가까이 왔습니다. 죽음의 고통이 다가왔습니다. 만나지 말았으면 좋았을 환난과 슬픔이 다가왔습니다. 정말로 답답합니다. 어떻게 해야 어둠의 터널을 벗어날지 모를 상황입니다. 이것이 다윗이 처한 상황입니다. 그런데 다윗은 이러한 절체절명의 위기를 극복하였습니다. 고난의 바람이 불어오는 순간에도 흔들리지 않고, 절망하지 않을 수 있었던 것은 자신의 기도를 들어주시는 하나님의 약속 때문입니다. 이 약속에 대한 확신으로 광야에 있든, 궁궐에 있든 평화를 유지할 수 있었습니다.

내 간구를 들으시고 내 음성을 들으시는 하나님을 알았기에 온 마음을 다하여 기도할 수 있었습니다. 그리고 그 기쁨을 누렸습니다. "주께서 내 영혼을 사망에서, 내 눈을 눈물에서, 내 발을 넘어짐에서 건지셨나이다." (시편 116:8) 다윗은 삶의 환경을 극복하는 힘이 기도에 있음을 알았고 실제로 기도하였습니다. 그리고 기도의 열매를 보았습니다. 그렇기에 다윗은 평생에 기도할 것을 고백하는 것입니다.

프란시스 쉐퍼의 전기에 나오는 이야기입니다. 프란시스 쉐퍼는 살아계신 하나님을 확신하는 분입니다. 그가 미국으로 가는 비행기를 타고 있을 때 갑자기 비행기가 고장이 났고 위기 가운데 처하게 되었습니다. 그때 쉐퍼 목사님은 하나님께 간절히 기도하였습니다. 그런데 그 순간 놀랍게도 떨어지던 비행기가 다시 정상 고도로 오르는 데 성공하며 문제없이 운항이 가능하게 되었습니다. 모든 사람들이 이해할 수 없는 일이라고 말하며 기적이라고 했지만 쉐퍼 목사님은 하나님께서 기도를 들어주셨다는 사실을 알았습니다. 쉐퍼 목사님은 하나님께서 기도를 들어주셨음을 확신하였고 감사의 기도를 드렸습니다. 쉐퍼 목사님이 이렇게 확신하였던 것은 그 순간에 미국에 있는 기도 팀들이 쉐퍼 목사님을 위하여 함께 간절하게 기도하고 있었기 때문입니다.

이것은 작은 일에 불과합니다. 기도는 성도로 하여금 환경에 지배당하여 무기력하게 살지 않게 합니다. 기도는 환경을 이기게 할 뿐 아니라 활력 있는 삶을 살게 합니다. 기도는 다양하게 다가오는 삶의 위기를 극복하는 강력한 도구이며 힘입니다. 우리의 신앙생활을 보면 환경에 지배를 당하게 될 때 가장 무기력하게 되는 것을 봅니다. 무기력은 영적 생활에 있어서 치명적입니다. 우리의 성장을 막는 가장 위험한 대적입니다. 그러므로 영적인 충만함을 누리려면 무기력의 삶을 벗어나야 합니다. 그런데 이 무기력의 삶을 벗어나는 데 있어서 가장 강력한 무기가 바로 기도입니다. 기도는 죽음의 위협조차도 극복하게 합니다.

제레미야 버러스 목사는 "사단은 성도가 기도할 때 가장 바쁘게 일한다"고 하였습니다. 사단의 목적은 성도를 무기력하여 하나님을 떠나게 하는 것인데 기도는 이러한 사단의 계략을 무너뜨리게 합니다. 기도는 잠자는 영혼을 깨어나게 하고 현실에 굴복하지 않게 하고 현실을 넘어 일하시는 하나님의 손길을 보게 합니다. 그러므로 사단이 더 이상 손을 쓰지 못하게 합니다. 기도의 위대함이 무엇인지 분명하게 보여 줍니다. 그럼에도 불구하고 기도하기를 힘쓰지 않는다면 사단의 놀잇감이 될 것입니다. 이러한 불행에 떨어지지 않으려면 기도하는 일에 열심을 내야 합니다. 전심전력하여 기도할 때 환경을 이기고 활력 있는 삶을 살아갈 수 있습니다.

하나님을 더욱 사랑하는 길

기도하는 자에게 나타나는 한결같은 모습은 하나님을 사랑하는 마음이 점점 깊어지고 단단해지는 것입니다. 다윗은 기도하면 할수록 하나님을 더욱 사랑하였습니다. 그것은 기도하는 자가 누리는 선물입니다. 기도하지 않는 자는 결코 하나님이 주시는 사랑을 맛볼 수 없습니다. 기도는 하나님을 아는 지식이 단지 문자에만 있지 않음을 아는 길입니다. 기도는 말씀으로 계시하여 주신 하나님을 인격적으로 그리고 실제적으로 만나는 곳입니다. 그러므로 말씀을 사모하는 자는 기도하는 자이고, 기도하는 이는 말씀이 증거하는 하나님을 더욱 사랑하게 됩니다. 이것이 기도가 주는 선물입니다.

기도는 사랑을 더욱 풍성하게 만들어줍니다. 사랑은 교제가 더욱 충만해지고 있음을 의미합니다. 사랑함으로 하나님을 더욱 깊이 알고 하나님은 우리를 더욱 가깝게 대하여 주십니다. 이 얼마나 아름다운 관계입니까? 영적인 성숙은 바로 이러한 하나님과의 가까움을 의미합니다. 하나님의 생각을 더욱 깊이 알고 선명하게 깨닫고 이 땅에서 하나님의 뜻에 따라 살아가는 것입니다. 그런데 이러한 아름다움이 바로 기도를 통하여 이루어집니다. 반면에 기도하기를 게을리한다면 하나님을 사랑하는 것이 식어질 것이고 결국 하나님을 따르는 자리에서 멀어지게 될 것입니다. 하나님과 멀어진 자에게 나타나는 것은 인간적인 생각일 뿐입니다. 예레미야 선지자는 이러한 모습에 대하여 무섭게 말씀하셨습니다.

"주를 알지 못하는 이방 사람들과 주의 이름으로 기도하지 아니하는 족속들에게 주의 분노를 부으소서 그들은 야곱을 씹어 삼켜 멸하고 그의 거처를 황폐하게 하였나이다" (예레미야 10:25)

선지자의 말씀은 예언입니다. 하나님을 알지 못하고 주의 이름으로 기도하지 않는 족속은 결국 하나님을 떠날 것이며 심판의 자리에 설 것임을 선언한 내용입니다. 기도하지 않음은 사랑하지 않음이고, 결국 하나님과 관계없이 살겠다는 모습입니다. 그러므로 기도하지 않고서 하나님을 사랑한다는 것은 거짓입니다. 사랑하는 자는 반드시 기도하는 자입니다. 기도할수록 사랑은 점점 깊어지고 헤어질 수 없는 관계가 됩니다.

여러분은 하나님의 사랑을 받고 있습니까? 하나님을 사랑하십니까? 예수 그리스도의 말씀을 온전히 신뢰하십니까? 예수님의 사랑을 자랑하고 있습니까? 그렇다면 우리의 삶은 기도의 삶이 되어야 합니다. 기도하지 않고 하나님을 사랑한다고 말하는 것은 거짓입니다. 그러나 기도하고 있다면 그는 하나님과의 깊은 사랑을 맺고 있는 것입니다. 기도는 우리로 하여금 하나님의 품으로 깊이 들어가게 합니다. 다윗의 사랑한다는 말은 입술의 잔치가 아닙니다. 삶의 고백입니다. 그래서 사랑한다고 고백한 뒤에 평생에 기도한다고 하는 것입니다. 이러한 사랑과 고백이 우리로 하여금 영적인 행복을 누리게 합니다. 우리가 하나님을 더욱 깊이 사랑하고 싶다면 기도해야 합니다. 하나님을 통하여 사랑을 풍성하게 받고 싶다면 기도해야 합니다. 영적인 깊은 성숙에 이르기를 원한다면 기도해야 합니다. 기도는 우리로 하여금 하나님을 더욱더 사랑하게 합니다.

존 맥아더 목사의 책인 『성경 이렇게 읽어라』에 다음과 같은 개인적인 이야기가 실려 있습니다. "우리 할머니는 93세에 돌아가셨다. 할머니는 침상에 누워 계셨고, 간호사가 할머니에게 일어날 시간이라고 말했다. 할머니는 '아니요, 오늘은 일어나지 않을 거예요.' 하고 말했다. 간호사가 이유를 묻자, 할머니는 '난 예수님을 사랑해요. 오늘 나는 천국에 갈 겁니다. 그러니 나를 귀찮게 하지 마세요.' 하고 대답했다. 그러고는 미소를 머금고 천국으로 가셨다."

너무나 아름다운 장면입니다. 이러한 모습을 소망하지 않으십니까? 아등바등 떠는 인생이 아니라 미소를 머금고 천국으로 갈 수 있는 아름다움을 소망하지 않으십니까? 이것은 아무에게나 주어지지 않습니다. 기도하는 그리스도인에게만 주어집니다. 기도할 때 우리는 하나님의 살아계심을 실제적으로 대면합니다. 그렇기에 우리는 기도에 대한 바르고 적극적인 자세를 가지고 있어야합니다.

평생에 기도하는 것은 평생 동안 하나님과 친밀한 교제를 나누겠다는 열정입니다. 이러한 열정이 우리로 하여금 영적인 성숙에이르게 합니다. 하나님을 향한 우리의 기도는 하나님을 알아가면갈수록 깊어질 것입니다. 그러므로 화려한 미사어구가 아니라 순결함과 진지함과 하나님을 향한 거룩한 열망을 가지고 기도해야합니다.

우리가 주님 안에서 안식하는 그 순간까지 우리는 기도하는 일을 멈춰서는 안 됩니다. 기도가 멈춘다는 것은 우리의 영혼이 병들었으며, 죽어가고 있다는 신호입니다. 살아 있는 성도는 결코기도를 멈출 수 없습니다. 기도는 영혼의 호흡입니다. 호흡이 멈춘 생명체는 없습니다.

기도는 영혼이 살아있다는 증거입니다. 거듭난 영혼은 기도로살아갑니다. 기도가 없는 영혼은 존재하지 않습니다. 그러므로주님이 그만하라고 하실 때까지 우리는 기도해야 합니다. 기도는정해진 시간에만 하는 것이 아니라 평생토록 하는 것입니다. 언제나 어디서나 항상 기도하는 것입니다. 성경은 쉬지 말고 기도하라고 명령합니다. 이것이 하나님의 뜻입니다.

또한 하나님의 응답하심에 대한 확신을 가지고 기도해야 합니다. 이러한 기도만이 우리로 하여금 삶의 환경을 이기게 합니다. 결코 의심하지 말아야 합니다. 의심은 사단이 심어 놓은 함정이며 스파이입니다. 의심에 빠지면 기도를 쉬게 됩니다. 기도를 쉬는 것은 죄입니다. 기도가 쉬게 되면 하나님을 향한 사랑이 식어지기 때문입니다. 그러므로 주님은 이렇게 말씀하셨습니다. "그러므로 내가 너희에게 말하노니 무엇이든지 기도하고 구하는 것은 받은 줄로 믿으라 그리하면 너희에게 그대로 되리라" (마가복음 11:24) 결코 의심하지 마시기 바랍니다. 하나님을 믿는다면, 하나님의 사랑을 누리고 싶다면 의심의 영을 벗어버려야 합니다.

기도하는 자에게 하나님은 선물을 주십니다. 성령님은 우리가 기도할 수 없을 때 기도할 수 있도록 힘을 주시는 분입니다. 그러기에 우리가 기도할 때 가장 기뻐하십니다. 성령님은 기도로 우리와 깊은 교제를 나누십니다. 우리가 더욱더 기도하기를 힘써야 하는 이유입니다. 기도는 성도가 누릴 수 있는 최고의 복입니다. 기도에는 제약이 없습니다. 비록 소소한 것이라도 하나님 앞에 내어 놓고 기도할 수 있습니다. 하나님은 우리의 기도를 들으시고 합력하여 선을 이루십니다. 그러므로 성도는 날마다 하나님의 함께하심을 감사하고, 죄의 자리에서 벗어나도록 기도하고, 하나님의 영광을 나타내는 삶을 살 수 있도록 간구해야 합니다.

기도하는 자를 누구도 이길 수 없습니다. 기도하는 자는 날마다 자라는 자입니다. 우리가 무기력한 신앙생활을 하고 있다고 느낀다면 기도의 시간이 줄어든 것입니다. 내 생각은 많아지고 기도가 줄어들면 반드시 무기력해집니다. 그러므로 다시금 돌이켜 기도의 시간을 가지시기 바랍니다. 은밀한 중에 우리를 만나시는 주님의 은혜를 누릴 것입니다. 기도는 평생토록 하는 것입니다.

—